모바일인터넷 이용자 연구

모바일인터넷 이용자 연구

윤 승 욱 著

한국학술정보㈜

머리말

디지털 기술의 등장으로 사회는 커다란 변혁을 맞이하였다. 이제는 '디지털'이라는 용어가 사회 곳곳에서 기본 용어처럼 사용되고 있으며, 디지털 기술이 없는 세상을 감히 상상할 수도 없다. 나아가 불과 몇 년 전까지만 해도 주요 키워드로 작용하였던 정보화 사회는 이제 한낱 과거의 유물이 되었고, 이제는 유비쿼터스라는 말이 세상을 주도하고 있다.

본서를 편집 중이던 때는 2006년 독일 월드컵이 한창이었다. 지난 2002년 월드컵의 감동을 재현하고자 모든 미디어에서는 월드컵 관련 프로그램에 열을 올렸고, 디지털 기술의 발전이 가져온 DMB, IPTV 등의 뉴미디어도 월드컵 방송에 사할을 걸고 있었다. 지난 2002년의 월드컵 관련 광고와 비교하였을 때 그 내용 역시 많은 변화가 있었다. 주로 붉은 악마의 광고모델 등장, 선명한 고화질의 텔레비전 판촉, 주요 태극선수의 광고모델 등장 등이 주요 내용이었다면 올해 월드컵 관련 광고에서는 지상파, 위성을 막론하고 휴대전화를 통한 DMB 서비스를 통하여 언제, 어디서나 시청할 수 있다는 메시지를 소비자에게 전달하고 있었다. 태초 인간이 꿈꾸어 오던 "나만의 미디어", "내 손 안의 TV"가 현실화되어 감을 느끼는 순간이었다.

휴대전화 가입자 수 4천만에 육박하는 우리나라의 휴대전화 문화는 이제 통신수단을 넘어 개성을 표출하고 사회 곳곳의 생생한 뉴스까지 전달할 수 있는 필수품으로 자리하였다. 또한 기존의 유선 인터넷에 의존하던 사이버 세상을 이제는 휴대전화를 통해 언제 어디서나 콘텐츠를 즐기고, 나만의 개성을 표출하며, 개인의 욕구를 충족시킬 수 있는 중요한 사회적 도구로 자리매김했다.

이에 본서에서는 휴대전화가 가지는 커뮤니케이션적 의미를 논의하고자 하였다. 특히 휴대전화의 진화가 지속되면서 다양한 콘텐츠 서비스에 따른 이용자들의 높은 의존율과 지속적인 서비스 개발 등은 타인과의 커뮤니케이션을 위한 수단에서 벗어나 시·공간의 제약 없이 보다 편리하게 자신에게 필요한 정보를 구축하게 될 것이다. 나아가 기존의 미디어를 이용했을 때와는 전혀 다른 커뮤니케이션 환경에서 인간관계를 구축할 수 있는 '개인 종합 커뮤니케이션 미디어(Personal Total Communication Media)'로 확장될 것이라는 추측이 가능하다.

또한 모바일인터넷과 같은 새로운 기술이 빠른 속도로 우리의 일상생활에 파고들고 있는데, 이토록 급속한 속도로 발전해 가는 이유가 무엇인가를 찾아보는 것은 사회과학 연구에서 중요한 주제가 될 수 있다. 그 많은 사람들이 왜, 어떠한 동기들을 가지고 모바일인터넷을 이용하는지, 모바일인터넷을 통해 충족될 것이라고 생각하는 기대는 무엇이며, 이러한 기대는 과연 어떻게 만족되는 것이고, 또한 모바일인터넷의 이용에 있어 불만이 있다면 그것이 무엇인지를 이해하는 것이 모바일인터넷에 관한 그 어떠한 연구보다 중요할 것이다.

이러한 내용을 살펴보기 위해 본서는 다음과 같은 체계로 구성되었다.

제1장은 서론부분으로, 문제제기를 통한 연구의 목적을 제시하였다. 그리고 연구목적 해결을 위한 연구방법을 제시하였으며, 문

헌연구로, 뉴미디어에 대한 수용결정요인 및 모바일인터넷에 대한 기존의 선행연구들에 대해 살펴보았다.

제2장은 본서에서 다루게 되는 주요 이론적 배경으로, 커뮤니케이션 테크놀러지의 발달에 따른 사회 변화와 이에 따른 커뮤니케이션 양식의 변화를 논의하고자 한다. 또한 정보기술수용모형과 기대가치이론에 대한 전반적인 내용을 논의하였다.

제3장은 실증분석의 전제가 되는 모바일인터넷에 대해 논의하였다. 먼저 모바일인터넷에 대한 개념을 논의하고, 본 연구에서 사용하는 모바일인터넷에 대한 정의를 제시하였다. 그리고 모바일인터넷의 특성과 서비스의 유형, 모바일인터넷 콘텐츠 등에 대해 살펴보았다.

제4장은 본 연구에서 사용되는 분석방법을 소개하였다. 본 연구는 모바일인터넷 이용자에 대한 사전조사와 이용자조사라는 두 가지의 방법을 사용하였기 때문에 각각에 대한 분석방법을 구체적으로 서술하였다. 또한 연구 진행을 위한 주요 개념의 조작적 정의를 시도하였으며, 사전조사 대상자의 선정과 설문지의 구성, 그리고 조사의 진행 및 분석기법에 대해 서술하였다. 그리고 본 연구에서 사용되는 연구모형을 제시하였으며 분석의 기준에 대해 자세한 논의를 하였다.

제5장은 실증분석에 대한 연구결과를 논의하였다. 먼저, 인구통계학적 분석을 통하여 조사대상자들의 특성 및 특성에 따른 모바일인터넷 이용 현황에 대해 기술하였다. 다음으로 분석 측정도구의 타당성 및 신뢰성을 다루었다.

제6장은 본서의 결론부분으로, 실증분석에 대한 결과와 함께 연구가 가지는 학문적 의의 및 시사점을 비롯하여, 연구과정을 통하

여 밝혀진 연구의 한계점과 다음 연구를 위한 제언 등을 제시하였다.

　본서는 저자의 박사학위논문을 수정하여 책으로 출간하게 되었다. 많이 부족하고 아쉬운 부분이 많아 출간에 대한 부담감과 두려움이 많지만, 주위 분들의 격려와 독려로 감히 출간하게 되었다. 이를 계기로 더욱 왕성하고 체계적인 학문탐구를 다짐한다.

　끝으로 항상 자식에 대한 믿음과 사랑으로 헌신적 보살핌을 아끼지 않으신 아버님, 어머님께 진심으로 감사의 말씀을 전합니다. 그리고 힘들었던 시절 불평 한 마디 없이 내조하고 이해해 준 사랑스런 아내 소영과 "아빠~힘내세요~"를 부르며 힘을 실어준 천사은 딸 혜정에게 이 책을 바치고자 합니다.

2006년 11월

윤 승 욱

목 차

표 목차

그림 목차

제1장 서 론

1. 연구의 배경과 목적

세계는 통신 및 전자기술을 중심으로 한 새로운 커뮤니케이션 테크놀러지의 발전에 힘입어 시·공간의 제약 없이 정보의 교류가 활발하게 이루어지는 지구촌 시대에 접어들었다.(Edward & McChesney, 1997, p.41) 이러한 커뮤니케이션은 21세기에 이르러 예측하기 어려울 정도로 고도화되어 가고 있는 것이다.(Edward & McChesney, 1997, p.41) 이러한 커뮤니케이션 테크놀러지의 발전은 커뮤니케이션의 체계를 변화시키고, 커뮤니케이션 체계의 변화는 궁극적으로 인간 커뮤니케이션의 변화를 수반했다. 오늘날 이러한 커뮤니케이션 테크놀러지의 변화는 컴퓨터와 커뮤니케이션 기술에 의해서 더욱 가속화되고 있으며, 매체융합(Media Convergence)이라 표현되는 멀티미디어 현상이 기존 매체의 정체성을 변화시키고, 컴퓨터의 발전으로 촉발된 통신기술의 변화가 인터넷을 중심으로 급속히 대중화되고 있는 것이다.[1]

---

1) 이와 유사한 개념으로, Fidler는 매체변이를 미디어모포시스(media-morphosis)라고 표현하면서, "텔레비전이나 신문을 비롯한 여러 커뮤니케이션 미디어의 변화 과정을 설명하는 것으로, 일반적으로 이러한 현상이 발생하는 이유는 사회 전반에 걸쳐 구성원들이 필요로 하고 있는 매체변이의 필요성과 함께 경쟁적이고 정치적인 압력 그리고 사회·기술적인 개혁으로부터 야기된다."고 주장하였다. 또한 사회 제 분야에서

18

1969년 현재의 인터넷 전신이라 할 수 있는 ARPANET(Advanced Research Project Agency Network)이 미국의 네 개 대학 사이에 설치되었을 때, 그리고 새로운 프로그램과 응용 도구의 개발을 배경으로 1994년 인터넷의 상업적 이용이 시작되었을 때, 인터넷이 가져올 변화가 지금처럼 광범위하고 폭발적이라고 예상하는 경우는 드물었다. 하지만 인터넷의 보급이 확산될수록 경제 전반에 미치는 효과는 광범위해져 인터넷이 단순한 추세가 아니라는 것이 보다 분명해지고 있다. 즉 인터넷이 단순한 매개 수단이나 또 하나의 새로운 기술에 불과한 것이 아니라, 경제 전체의 패러다임 변화와 직접적인 관련을 가지는 것으로 드러나고 있다. 이러한 경제의 패러다임 변화는 필연적으로 사회 전반의 변화를 수반하게 됨으로써 인터넷 확대의 효과는 실로 지대할 것으로 예측되고 있다.

한편, 이러한 인터넷의 광범위한 보급과 더불어 이동통신 기술의 발전은 이동전화를 단순한 통신수단을 넘어서 언제 어디서나 인터넷에의 접근이 가능할 수 있는 수단으로서의 가능성을 보여주고 있다. 즉, 네트워크의 접속을 유지하면서 원하는 장소로의 자유로운 이동이 가능하게 된 것이다. 소위 말하는 '이동통신과 인터넷의 결합'이라 불리는 모바일인터넷(Mobile Internet)의 빠른 확산과 이동이 그것이다. 이동전화나 PDA(Personal Digital Assistants), 스마트폰(Smart Phone)2) 등을 통해 이용이 이루어지는 모바일인터

제기되는 수요(needs)와 경쟁, 그리고 기술을 둘러싼 정치적 통제, 사회적 이용, 기술혁신의 복잡한 상호 작용으로 인해 야기되는 커뮤니케이션 미디어의 변형이라 정의한다. Fidler(1997/1999), p.10.
2) 스마트폰(Smart Phone)은 이동전화와 PDA의 장점을 합친 것으로, 이동전화기에 일정 관리, 팩스 송수신 및 인터넷 접속 등의 데이터통신기능을 통합시킨 것이다. 인터넷 정보검색은 물론 액정디스플레이에 전자

넷은 주로 한 사람의 개인에 의해 하드웨어가 소유되며, 그 크기도
휴대하기 간편하고 어디든 가지고 다닐 수 있을 정도로 작아서 오
랜 역사적 흐름 속에서 '나만의 미디어'를 추구해 온 인간에게 새
로운 개념의 매체로 인식되는 동시에, 그 이용이 빠르게 확산되어
가고 있는 추세이다. 더욱이 IMT-2000³⁾과 같은 첨단 통신기술을
지속적으로 개발함으로써, 모바일인터넷 이용자가 다른 사람들과의
커뮤니케이션을 할 수 있는 수단으로 이용될 뿐만 아니라, 모바일
인터넷을 통한 맞춤 서비스가 제공됨으로써 미디어와 인간이 커뮤
니케이션 할 수 있는 환경까지도 제공하고 있다. 이러한 상황하에

펜으로 문자를 입력하거나 약도 등 그림 정보를 송·수신할 수 있다. 우
리나라에서는 LG정보통신과 삼성전자가 CDMA(코드분할다중접속) 방
식의 디지털 이동전화에 초소형 컴퓨터를 결합한 스마트폰을 개발하였
다. 이것은 이동전화로 사용하는 외에 휴대형 컴퓨터로도 사용할 수 있
고, 이동 중에 무선으로 인터넷 및 PC통신, 팩스 전송 등을 할 수 있는
것이다. 스마트폰은 아날로그 방식, 유럽의 GSM 방식, 일본의 PHS 방
식으로 무선통신을 할 수 있도록 개발된 적은 있으나 CDMA 방식으로
개발된 것은 이것이 처음이다.
 3) IMT-2000이라는 용어는 1996년부터 사용되기 시작한 것으로, 과거 국
제전기통신연합(ITU: International Telecommunication Union)이 향후
이동통신의 단일 표준화를 연구 과제로 삼으면서 프로젝트 코드로 정했
던 미래공중육상이동통신(FPLMTS: Future Public Land Mobile
Telecommunication System)이란 말이 발음하기 어렵고 뜻도 이해하기
쉽지 않아 대신 사용한 용어이다. 이는 주파수대역(2000MHz)과 도입
시기(2000년경)를 고려하여 IMT-2000이라는 이름을 고안하게 된 것이
다. IMT-2000 서비스는 인터넷, 동영상 등 고속 데이터 서비스를 제공
하고 전 세계적 표준화 및 동일 주파수 대역을 사용함으로써 글로벌 로
밍을 지향하며, 현재 제공되고 있는 이동전화 등에 비해 데이터 전송속
도가 고속·고품질화되고, 서비스가 고도화된 이동통신 서비스를 말한
다. 또한 IMT-2000 서비스에서 주로 제공될 서비스들은 회선 모드, 패
킷 모드가 혼합된 형태의 멀티미디어 데이터 서비스와 차세대 지능망
서비스 등이 있다: 이정환(2001), pp.280-281.

서 모바일인터넷에 대한 이용자들의 의존율은 높아질 것이며, 그
위상도 단순히 타인과의 커뮤니케이션을 위한 수단에서 벗어나
시·공간의 제약 없이 보다 편리하게 자신에게 필요한 정보를 구
축하면서, 기존의 미디어를 이용했을 때와는 전혀 다른 커뮤니케이
션 환경에서 인간관계를 구축할 수 있는 '개인 종합 커뮤니케이션
미디어(Personal Total Communication Media)'로 확장될 것이다.
(성동규·조윤경, 2002, p.155)

정보화와 관련하여 우리나라는 유선인터넷 기반 및 이용 현황
에 있어서 세계를 선도해 나가고 있으며, 최근 들어서는 인터넷의
새로운 영역인 모바일인터넷 영역에서도 동일한 위치를 차지하고
있다. 정보통신부의 최근 자료(2006)에 의하면, 국내 이동전화 가
입자 수는 2000년 2천 680만 명에서 2006년 5월 말 현재 3,913만
명으로 나타났다. 그리고 모바일인터넷이 가능한 CDMA 2000 이
상의 단말기를 소지한 이용자의 수는 2001년 2천만 명에서 2006년
5월 현재 3,716만 명으로 급증하였다. 물론 모바일인터넷이 가능한
단말기를 소지하였다 하여 모두가 모바일인터넷을 이용하는 것은
아니다. 하지만 항시라도 모바일인터넷에 접속할 수 있다는 점을
감안한다면 우리나라 모바일인터넷 이용인구는 급속한 성장세를
보일 것으로 예상된다.

한편, 한국인터넷진흥원이 실시한 무선인터넷 실태조사(한국인터
넷진흥원, 2005)에 의하면, 만 12세 이상 휴대전화 보유자 중 모바
일인터넷 이용자 1,617만 명이며, 이용률은 42.8%로 전년대비 2.6%
가 증가한 것으로 나타났다. 또한 10대 위주의 모바일인터넷 이용
이 점차 20대와 30대 등 타 연령대로 확산되는 것으로 조사되어 향
후 모바일인터넷 이용은 더욱 증가할 것으로 기대되고 있다.

이러한 높은 보급률에 발맞추어 최근에는 국내 이동전화 서비스가 음성 기반에서 패킷 기반의 이동전화 서비스로 빠르게 변모하면서 다양한 무선인터넷 기반의 비즈니스 모델이 나타나고 있다. 또한 이동통신 단말기에 복잡한 URL입력 대신 번호를 통해 모바일인터넷 콘텐츠에 접근이 가능하게 해 주는 서비스(WINC: Wireless Internet Numbers for Contents)와 같이 모바일인터넷 이용자의 사용에 대한 편리성을 증대시켜 줄 수 있는 서비스도 개발되기에 이르렀다.

한편, 현재 제공되는 모바일인터넷 서비스는 인터넷의 본질적 성격을 가지는 동시에 사용량과 콘텐츠의 종류에 따라 과금 되는 '콘텐츠의 판매'라는 특성을 가진다. 이는 모바일인터넷은 유선인터넷과 같은 기술과 내용에 의존하지만, 유선인터넷과 같이 정보의 검색, 브라우징과 같은 측면보다는 정보의 즉각적인 송수신에 주안점을 두고 있으며, 모바일인터넷은 사람과 기기를 공간의 제약으로부터 해방시킬 수 있기 때문에 전혀 새로운 것으로 볼 수 있다. 또한 이미 이동전화 이용자와 인터넷 이용자 사이에 있어, 인터넷 이용자들은 어느 정도 기술적 불완전성을 수용하면서 무료의 서비스를 이용할 수 있기를 원하는 반면 이동전화 이용자들은 대가를 지불하는 데 익숙하며 보다 높은 수준의 서비스와 신뢰성을 원하는 사용 행태의 차이가 나타난다는 점을 볼 수 있다. (김상범, 2001, p.35) 또한 모바일인터넷의 사용 증가는 '항시적 정보접근'이라는 이용자의 요구에 대한 해답을 제공할 뿐만 아니라, 모바일인터넷 서비스의 공급자에게 있어서도 매우 의미 있는 사건으로 해석될 수 있다. 즉 모바일인터넷의 사용 증가는 경제적 주체들에게 있어서 경제적 활동 시간의 대폭적인 증대를 가져온다는 것이다. 이는 소비자가 PC 앞에 앉아 있지 않고, 지하철을 탈 때나, 걸어 다닐 때도 그들은 잠재 구매자이고 소비 행동의 주체로서 적극적인 구매활동을 할 수 있음을 의미한다.

이러한 인터넷의 급속한 확산과 더불어 여러 분야에서 모바일 인터넷에 대한 연구가 활발히 진행되고 있다. 그러나 이제까지의 인터넷 연구는 주로 인구통계학적인 연구, 인터넷의 경제적 가치에 대한 연구, 인터넷을 통한 광고효과에 대한 연구 등 제한적인 부분에 대해서만 이루어져 왔다. 특히 모바일인터넷과 관련해서는 이용자들의 사용 패턴 및 비즈니스적 측면만을 다루어 수용자들의 선택결정요인에 대한 세심한 분석이 이루어지지 않았다. 특히 모바일인터넷과 같이 이용자들이 자신의 욕구에 따라 자의적으로 접속하는 성격이 강한 매체일수록 수용자연구는 많은 유용성을 제공하는데, 이제까지의 모바일인터넷에 대한 연구는 수용자 연구가 부재해 왔던 것이다. 나아가 모바일의 특성 및 기능에 따른 수용자들의 이용 행태와 그에 따른 충족에 관련된 연구 역시 매우 미비한 실정이다.

이러한 연구가 부족하다는 것은 모바일인터넷이 종래의 데스크탑을 기반으로 한 유선인터넷과는 매우 다른 특징을 가지고 있기 때문에 더욱 큰 문제로 대두되고 있다. 그 이유는 만약 모바일인터넷과 종래의 인터넷이 비슷한 점이 많다면 기존의 인터넷 비즈니스에서 발견된 원칙이나 사례들을 모바일인터넷에도 적용할 수 있겠지만, 이 두 가지가 매우 틀리기 때문에 기존의 인터넷을 대상으로 한 원리나 현상이 모바일인터넷에 적용되기 힘들기 때문이다.4)

---

4) ≪Economist≫紙에 따르면 무선인터넷은 이동통신 사업자가 이용자의

이에 이용자들이 모바일인터넷을 이용하는 데 영향을 미치는 중요 요소들에 대한 연구는 그 의미가 크다 할 수 있다. 특히 커뮤니케이션 매체로써의 모바일인터넷 콘텐츠에 대한 사용요인 연구는 새로운 기술의 사회적 수용이라는 견지에서 그 의미를 둘 수 있으며, 수용자 분석의 학문적 차원에서 그들의 이용 동기와 만족이라는 커다란 화두를 던져 줄 수 있는 것이다.

한편, 모바일인터넷과 같은 새로운 기술이 빠른 속도로 우리의 일상생활에 파고들고 있는데, 이토록 급속한 속도로 발전해 가는 이유가 무엇인가를 찾아보는 것은 사회과학 연구에서 중요한 주제가 될 수 있다. 그 많은 사람들이 왜, 어떠한 동기들을 가지고 모바일인터넷을 이용하는지, 모바일인터넷을 통해 충족될 것이라고 생각하는 기대는 무엇이며, 이러한 기대는 과연 어떻게 만족되는 것이고, 또한 모바일인터넷의 이용에 있어 불만이 있다면 그것이 무엇인지를 이해하는 것이 모바일인터넷에 관한 그 어떠한 연구보다 중요할 것이다.

이제까지 수용자들이 다양한 매체 중 특정 매체를 왜 선택하는가 혹은 실제 미디어 노출을 통하여 어떤 충족을 얻었는가에 대한 연구들은 대부분 이용과 충족 연구를 중심으로 발전해 왔다. 이용과 충족 연구는 수용자의 '능동성'을 강조하면서 수용자와 매스미디어

신원 및 위치정보를 보유하고 있고 이용자의 포털을 설정하고 서비스에 대해 과금할 수 있다는 점 때문에 이용자의 인터넷에 대한 통제권이 강하다는 점에서 유선인터넷과 차별적인 특성을 가진다고 말한다. 보다 세부적으로 살펴보면, 무선인터넷 접속 수단인 이동전화는 유선인터넷 서비스를 제공하는 PC보다 개인 밀착적인 특성을 나타내며, 이동통신 사업자가 서비스 제공에 있어서의 주도권 및 결정권을 가지고 있다는 점, 이용자의 사용에 따라 과금이 가능하다는 점이 유선인터넷 서비스와 차별화된 특성으로 제기되고 있다.(Economist, 2001, pp.9-11)

사이의 자발적이고 선택적인 상호 작용을 가정하였다.(Levy & Windahl, 1984, pp.51-78) 이러한 가정하에 이용과 충족 연구는 수용자들의 매체 이용 동기와 충족요인들을 유형화하는 데 기여해 왔다. 수용자를 수동적이고 기계적인 존재로 파악했던 이전의 미디어 효과 연구와는 달리 수용자의 '능동성'을 강조한 이용과 충족 연구는 '사람들이 매스미디어를 가지고 무엇을 하는가?'에 대하여 연구의 초점을 맞춤에 따라 기존 메시지 중심의 연구에서 수용자 중심의 연구로 변화를 이끌어 낸 것이다.

그러나 이용과 충족 연구의 접근 방법은 주요 개념이 모호할 뿐만 아니라 구조적, 이론적, 방법론적 약점 때문에 많은 비난을 받아 왔다. 특히 이용과 충족 연구에 대한 중요한 비판 중의 하나는 수용자들이 매체 소비를 통해 얻고자 하는 것과 실제 노출을 통해 얻는 것의 차이를 고려하거나 측정하는 데 실패해 왔다는 것이다.(Palmgreen, RayburnⅡ & Wenner, 1981, p.451) McLeod와 Becker(1981, pp.324-327) 역시 많은 연구에서 연구 디자인의 한계와 애매한 단어의 사용으로 두 개념이 혼동되어 왔다고 지적하면서 이에 적절한 리서치 전략을 가지고 이 두 개념을 분리하는 것은 이용과 충족 연구가 미디어 평가 연구에서 더 넓게 사용되기 위해서 중요한 점이라고 언급하였다. 또한 각각의 개념을 독립적으로 측정하는 것은 미디어 효과에서 동기의 역할에 대한 적절한 이론적 이해의 발전을 위해 중요한 것이라고 하였다.(McLeod & Becker, 1981, pp.324-327)

이러한 이용과 충족 연구의 한계점이 지적되면서 이를 극복하기 위한 많은 노력들이 진행되었다. 그중의 하나가 기대가치이론(Expectancy-value theory)으로, 사용하는 개념들을 명확히 정의하였고, 충족과 관련하여 수용자들의 추구충족과 획득충족을 경험적으로, 그리고 개념적으로 구분하여 시도하였다. 이 중 기대가치이론을 바탕으로 연구를 수행한 대표적인 학자 중의 하나인 Greenberg는 이용과 충족 연구의 가장 큰 문제점 중의 하나가 동기와 미디어 이용으로부터 얻어지는 충족 간의 개념정의가 불명확하다고 지적하였다. 이를 명확히 하고자 매체 이용 동기를 '추구충족(Gratification Sought: GS)'으로, 욕구의 충족을 '획득충족(Gratifications Obtained: GO)'으로 구분하여 사용하였다.

기대가치이론은 인간을 이성적인 존재로 파악하며, 각 개인은 자신의 욕구를 알고 있고, 그 욕구를 표현할 수 있는 존재로 규정한다. 나아가 이용과 충족 연구에서 사용하던 개념들을 명확하게 정의하고, 그 개념들에 대한 구체적인 측정방법까지 제시하고 있다. 따라서 능동적 수용자 개념으로 매체의 이용과 충족 현상을 설명하는 데 유용한 접근이기 때문에 수용자의 매체선택 및 콘텐츠의 선택 행위에 대한 연구에 기대가치이론을 적용시킬 수 있는 것이다.

새로운 매체가 등장하면 수용자들은 새로운 매체와 기존 매체에 대한 비교를 통하여 기존 매체에 부여했던 자원5)을 새롭게 분배시킨다. 수용자들은 자신의 욕구를 가장 잘 충족시켜 줄 것이라고 생각하는 매체를 선책하기 때문에 특정 매체에 대한 선택행위는 수용자들이 다른 매체에 대해 갖는 기대와 밀접한 관련이 있다. 즉, 미디어 노출을 통하여 기대한 바를 충분히 얻었다면 그 매체에 대한 기대는 강화되거나 지속되지만, 그렇지 않았을 경우에

---

5) 여기서 말하는 자원이라 함은 수용자가 매체에 부여하는 시간(time), 비용(money), 주목(attention) 등을 포함하는 것이다.

수용자들은 자신들의 욕구를 더 잘 충족시켜 줄 새로운 매체를 찾기 때문이다. 이는 수용자들이 매체에 대해 가지는 기대는 수용자 측면에서 인지한 매체적 특성이라 할 수 있는데, 수용자들은 인지된 매체의 특성에 맞추어 그 매체에 대한 기대를 형성하기 때문이다.

아울러 본 연구에서는 모바일인터넷이라는 새로운 정보기술의 수용에 대해서 살펴볼 것이다. 본 연구에서 제시하는 정보기술수용 모형은 합리적 행위이론에 근거하여 이용자의 정보기술수용행위를 설명하기 위해 제안된 이론이다. 이 이론에 의하면 인지된 이용의 편리성(Perceived ease of use)과 인지된 유용성(Perceived usefulness)에 의해 형성된 태도가 행위의도로 나타나 실제 행위에 영향을 주는 것으로 설명한다. 정보기술수용과 관련된 제반 이론들 중에서 가장 널리 알려진 정보기술수용모형(TAM: Technology Acceptance Model)을 비롯하여 많은 연구자들이 연구를 수행해 온 결과, 이 이용의 편리성과 유용성 요인들은 정보시스템의 활용을 예견할 수 있는 유효한 개념이라는 것에 동의한다.

이에 본 연구에서는 널리 알려진 정보기술수용모형을 모바일인 터넷의 환경에 적절하도록 확장하여 그 새로운 모형을 제시하고자 한다. 이를 통해 이용자들이 모바일인터넷을 수용하는 데 영향을 주는 요인이 어떤 것인지를 밝혀내고, 기존 정보기술수용모형에서 검증된 이용의 편리성과 유용성 등을 매개변수로 삼아 모바일인터넷 환경하에서의 적용 가능성을 살펴보고자 한다. 나아가 이용의 편리성과 유용성의 개념 외에 외부변수로 적용 가능한 요인들을 추출하여 확장된 모형에 적용하고자 한다. 이는 모바일인 터넷이라는 새로운 정보기술의 수용에 있어 수용자들의 사용 행태를 고찰할 수 있기 때문이다.

또한 모바일인터넷은 독특한 기능뿐만 아니라 기존 매체의 기능도 포함하고 있기 때문에 수용자의 욕구를 충족시키는 데 있어 기존 매체에 대한 대안적인 미디어의 기능까지 수행하고 있다. 따라서 유선인터넷을 포함한 기존 매체를 통하여 얻었던 충족을 모바일인터넷을 통해서도 얻을 수 있다는 가능성의 인지는 수용자의 매체 선택행위에 영향을 미칠 것으로 판단된다. 수용자가 특정의 욕구를 어떤 매체에 의해 충족하려고 했을 때, 그 매체가 그 욕구를 충족시켜 줄 수 있는 유일한 매체인 경우는 드물다. 매체들은 기능면에서 어느 정도 중복되는 현상이 있으므로 매체 선택행위는 수많은 대안적 미디어 사이에서 이루어지는 경우가 대부분이다.

본 연구에서는 정보기술로서의 모바일인터넷에 대한 수용결정요인을 기존의 문헌 고찰을 통하여 살펴보고, 수용자들의 수용결정요인과 충족요인에 대해 알아보고자 한다. 또한 이용과 충족 연구의 방법론적 한계의 도출과 함께 기대가치이론을 제시하여 모바일인터넷에 대한 수용자들의 충족을 추구충족과 획득충족의 개념으로 살펴보고, 모바일인터넷에 대한 수용자 충족을 사전조사된 수용결정요인과의 상관관계를 분석하고 모바일인터넷 이용자들의 이용 동기와 충족 간의 상관관계를 파악하고자 한다. 이는 이용과 충족 연구의 대안으로써 기대가치이론에 대한 커뮤니케이션적 접근에서의 새로운 검증을 의미하는 것이고, 나아가 모바일인터넷에 대한 수용자들의 충족 수준 및 그 수용결정요인의 분석이라는 새로운 연구모형을 제시하여 모바일인터넷에 대한 수용의사 결정에 영향을 미치는 요인들을 종합적으로 적용시키고 실증

분석 과정을 통하여 유의미한 영향요인들을 실증적으로 분석하고
자 하는 것이다.

2. 연구방법

모바일인터넷과 같은 새로운 기술을 활용한 서비스가 시장에서
효과적으로 수용되도록 하기 위해서 이것의 사용요인에 대한 연
구의 중요성이 인식되어 왔다. 이에 기존 매체와는 다른 특성을
지닌 모바일인터넷 서비스 이용자들이 어떠한 요인을 중요하게
생각하는지와 관련된 연구의 중요성이 증가하고 있다. 기존의 모
바일인터넷에 대한 대부분의 연구는 이용자 중심적 연구보다는
기술 중심적 연구에 치우쳐져 있다. 다시 말해, 이용자가 모바일인
터넷을 어떠한 이유에서 사용하며, 모바일인터넷을 선택하는 데
있어서 어떠한 요인을 주로 고려하는지와 관련된 연구는 매우 부
족한 실정이다.

이에 본 연구에서는 다음과 같은 몇 가지를 살펴보고자 한다.
첫째, 모바일인터넷을 이용할 때 이용자들이 어떠한 요인들에 의
해 주로 영향을 받는지를 분석하는 데 목적이 있다. 둘째, 뉴미디
어로서 모바일인터넷을 수용하는 데 영향을 미치는 수용결정요인
들이 모바일인터넷에 대한 기대요인과 충족요인에 어떠한 영향을
미치는지 분석하고자 한다. 즉, 모바일인터넷의 수용결정요인과 모
바일인터넷 이용자들의 추구충족, 획득충족 간의 영향관계를 분석
하고자 한다. 셋째, 모바일인터넷에 대한 추구충족을 측정하여 이

용자들이 인지하는 모바일인터넷에 대한 매체적 특성을 파악하고, '추구충족과 획득충족의 기대가치 모델'이 상정하는 순환성 및 추구충족과 획득충족 간의 상관관계를 분석하고자 한다. 넷째, 모바일인터넷에 대한 기대요인(추구충족)과 충족요인(획득충족) 간에 어떠한 차이가 있는지 분석하고, 기대요인과 충족요인 간의 차이가 실제 모바일인터넷 이용에 어떠한 영향을 미치는지 살펴보고자 한다. 다섯째, 모바일인터넷에 대한 추구충족요인 및 획득충족요인이 모바일인터넷의 가치를 인식시키고, 궁극적으로 모바일인터넷에 대한 지속적인 이용의도를 갖게 하는 데 어떠한 영향을 미치는지 분석하고자 한다.

이러한 분석을 위한 본 연구에서는 다음과 같은 세 가지의 연구방법을 사용하였다.

먼저, 본 연구는 일차적으로 문헌연구가 선행되었다. 실제로 문헌연구는 기존 자료의 수집과 분석, 그리고 선행연구자에 의해 수집된 자료의 재분석을 통하여 연구하는 분석이다. 따라서 문헌연구를 통해 본 연구는 모바일인터넷의 정의와 특징 등을 설명하고, 이를 통해 모바일인터넷의 의미를 개념화하였다. 또한 모바일인터넷 콘텐츠 및 서비스에 대한 문헌 연구를 통하여 시장 현황을 살펴보았으며, 우리나라를 포함한 각국의 모바일인터넷 이용현황 및 서비스에 대해 살펴보았다. 그리고 기존문헌과 관련하여, 선행연구자들에 의해 사용된 다양한 변인들의 조작적 정의와 연구에서의 활용도, 연구결과를 통하여 본 연구의 내용분석을 위한 이론적 배경(정보기술수용모형, 기대가치이론) 및 분석적 전제로서 제시되었다.

두 번째로, 본 연구의 신뢰성을 높이기 위해, 직접 수용자들을 대상으로 한 사전조사를 실시하였다. 이 과정은 문헌연구를 통해 선정된 각 변인들의 타당성을 설명해 냄으로써 실증분석에 있어서 유의미성을 가질 수 있는 변인들을 선별해 내는 데 이용되었다. 특히 정보기술수용모형과 기대가치이론 등에 대한 기존문헌 고찰을 통하여 선행연구자들의 분석 틀을 재분석함과 아울러, 변인에 대한 타당성 검증과 사전조사를 통하여 변인에 대한 재구성을 시도하였다. 이는 기존 연구에서 대상으로 하였던 기존 매체 혹은 유선인터넷과의 다른 특성을 지닌 모바일인터넷의 분석에 또 다른 변인의 추가와 수정을 요하기 때문이다.

세 번째로, 본 연구의 구체적인 연구문제들을 검증하고, 연구가설을 검증하기 위한 실증분석의 방법으로 수용자들을 대상으로 한 설문 조사가 이루어졌다. 일차적으로 모바일인터넷의 사용 변수들을 기존문헌을 토대로 구성하여 살펴본 후, 각각의 수용결정 요인에 따른 수용자들의 수용 정도와 이용 행태, 노출 정도 등 이용 정도를 분석하고, 모바일인터넷의 이용에 대한 추구충족과 획득충족 간의 관계를 파악하여 수용자들이 어떠한 요인과 변수에 의해 모바일인터넷을 이용하는지 살펴보았다.

3. 문헌연구

1) 뉴미디어의 수용결정요인에 관한 연구

뉴미디어의 수용결정요인에 대한 연구들은 개혁확산이론 (diffusion theory of innovation)과 이용과 충족 연구(The Study of Uses and Gratification), 그리고 매체 속성에 관한 연구 등으로 이루어지고 있다. 먼저, 개혁확산이론을 통한 뉴미디어의 수용결정 요인에 대한 연구에서 Rogers는 시장에 없던 새로운 기술이나 상품이 개인에게 수용되기 위해서는 다음의 다섯 가지의 중요한 요인이 있다고 제시하였다.(Roger, 1983) 첫 번째 요인은 상대적 이익(relative advantage)으로, 자신이 사용해 오던 상품이나 서비스보다 새로운 상품을 사용하는 것이 더 좋을 것이라고 지각되는 정도이며, 두 번째는 적합성(compatibility)으로 이용자의 이전 경험이나 욕구 또는 소유한 가치가 새로운 상품이나 서비스와의 일치하는 정도를 말한다. 세 번째 요인은 복잡성(complexity)으로 새로운 상품을 사용하고 이해하기 쉬운 정도이며, 네 번째 요인은 시도가능성(trial-ability)으로 이용자가 확신이 들 때까지 새로운 상품이나 서비스가 이용될 수 있는 정도라고 정의하고 있다. 마지막 요인으로는 관찰가능성(observe-ability)으로 다른 이용자에 의한 상품이나 서비스 사용의 결과를 관찰할 수 있는 정도이다. 이러한 연구는 Gatignon과 Robertson(1985)에 의해 채택과정, 개인적 영향과 의견 지도성, 사회체계, 확산과정, (개혁자의)개인적 특성, 사용자 개혁의 특성으로 정리되었다.

　한편, 개혁확산연구는 개인의 사회경제적 지위, 개인의 성격적 특성, 그리고 정보의 유통과 관련되는 커뮤니케이션행위로 나누어 살펴볼 수 있다. 첫째, 개인의 성격적 특성으로 Rogers와 Dutton-(1988) 등은 교육수준과 직업, 즉 경제수준에 따라 구분하였다. 둘째, 성격적 특성으로 독단성, 합리성, 불확실성이나 위험에 대처하는 능력, 과학선호경향, 성취동기 등이 있다. 일반화된 가설에 따르면 이러한 성격적 특성에 있어 초기 채택자는 후기 채택자에 비해 덜 독단적이고 더 이성적이며 불확실성이나 위험에 대처하는 능력이 보다 높고 과학을 선호한다. 셋째, 커뮤니케이션 행위의 특성으로 의견지도력, 정보추구의 능동성과 관련 있다.

　이 밖에 Guthrie(1999)는 뉴미디어의 확산이 사회적 구조와 그 조직이 속한 특정 시장에 있어 매우 중대한 역할을 수행한다고 제안하였다. 즉, 더 많은 뉴미디어 이용은 테크놀러지에 관한 더 많은 지식, 접촉, 그리고 경험을 가지게 해 주어 뉴미디어 채택에 긍정적인 요인으로 작용하게 된다는 것이다.

　그리고 Miyazaki와 Fernandez(2001)는 뉴미디어의 사용이 위험지각의 감소를 이끈다는 것을 밝혀냈으며 이것은 향후 새로운 테크놀러지의 채택의도를 결정하는 데 있어 영향을 미치게 될 것이라는 것을 시사한다.

　다음으로, 뉴미디어에 대한 이용 동기에 관한 연구들을 살펴보겠다. 이와 관련된 연구들은 대부분 수용자의 인구학적 속성, 필요와 사용 동기 등에 국한되어 왔다.

　초기 뉴미디어 사용 연구는 수용자들이 정보를 얻기 위해 사용하는 것으로 조사되었으나, Korgaonkar와 Wolin(1990) 그리고 Lin(1981) 등의 연구는 오락적 요소와 사회화 요소로도 사용된다고 주장하였다. 또한 초기 사용은 수용자들의 인구학적 속성들이 많이 작용되며, 이러한 경향은 뉴미디어의 빠른 보급으로 인해 점차 감소되고 있다는 주장도 있다.

한편, Rafaeli(1996)는 수용자들의 이용 동기를 정보 습득뿐만 아니라 유희적 요소도 같이 작용하고 있다고 주장하며, Eighmey(1997)는 오락적 요소, 개인적 연관성, 정보적 관여 등 세 가지를 사용 동기 요소들로 제시하였다. 이후 Korgaonkar와 Wolin(1999)은 사회적 회피, 전송의 안전과 프라이버시, 상호 작용성, 경제성 등을 뉴미디어의 사용요인으로 분석하였다.

Hoffman과 Novak(1997)은 이용 동기를 내재적인 동기와 외재적인 동기로 크게 대별하였다. 내재적 동기는 이용자들로 하여금 목적 없이 경험적인 행동을 하게 하는 동기로 즉, 호기심이나 충동과 같이 어떤 특정 목적이 없는 행동을 하도록 하는 것이고 외재적 동기는 정보를 탐색하거나 업무와 관련된 과제를 수행하기 위한 것으로 이용자들로 하여금 목적지향적인 행동을 하게 하는 것이다. 이와 관련하여 Rubin과 Perse(1987)는 미디어 이용 동기는 관여 동기를 반영하며 특정 콘텐츠를 이용하려는 행위가 발생한다고 주장하였다.

마지막으로 매체 속성에 관한 연구는 주로 영상매체를 중심으로 이루어지고 있으며, 기존의 매스미디어와는 그 속성이 차별화된 뉴미디어가 각광받기 시작하면서 활기를 띠고 있다.

김유정(1994)은 PC통신의 활용에 관한 연구에서 컴퓨터 통신의 이용 동기요인을 매체 이용의 일상화와 접근의 편리성 및 용이성, 그리고 사회적 압력을 포함한 환경적 요인으로 구분하여 설명하면서 이러한 요인에 의해 컴퓨터통신의 이용과 증가를 설명하였다.

오택섭, 김대식, 강미선의 연구(2000)에서는 PC통신 이용자를 여섯 가지 유형으로 구분하여, 이용 동기가 무엇인지를 분석하였는데, 이용 동기요인으로는 정서적, 사회적, 정보적 동기로 구분하여 컴퓨터 통신의 이용기간과 연령, 이용량의 증가에 따라 정보적 동기나 사회적 이용 동기가 높다는 것을 밝혀냈다.

박종민과 오종환(2001)은 뉴미디어와 기존의 매스미디어의 매체 속성을 평가한 연구에서 수용자들은 뉴미디어를 개인적이고 친근하며 상호 작용적이며, 능동적인 매체로 인식하고 있으며, 기존의 매스미디어는 일방적이고 수동적이며 비개인적이나 친근하고, 동시적이며 사용하기 쉬운 속성을 가지고 있는 것으로 인식하고 있다.

은혜정, 나은영, 주창윤 등(2001)은 기대-충족 이론을 바탕으로 유선인터넷 이용에 대한 이용 동기와 충족요인을 밝혔는데, 이용 동기요인으로는 접촉기대, 정보기대, 편리기대, 찬스기대 등이었으며, 만족요인으로는 접촉만족, 정보만족, 찬스만족, 편리만족이었고, 불만족요인으로는 심리적 불만, 네티켓불만, 정보의 질 불만, 원치 않는 방해, 그리고 부담에 따른 불만 등이 조사결과 나타났다.

2) 모바일인터넷에 관한 연구

기존의 모바일인터넷에 대한 국내 연구는 주로 기술 중심적인 내용이 대부분이었다. 그러나 모바일인터넷이 대중화되고 확산되면서 서비스 이용에 대한 이용자 연구와 모바일인터넷 시장에 대한 사례연구를 중심으로 진행되고 있다. 이러한 연구들을 살펴보면 다음과 같다.

먼저, 모바일인터넷 이용자에 관한 연구로서 이성재, 안재현, 이동주(2001)는 위치기반 정보의 유형을 교통, 위치추적, 생활편의, 상거래로 정의하고, Gallagher가 연구한 정보가치에 대한 사용자 선호, 즉 정보가치를 정성적 척도(qualitative measure)에 따라 정보의 양(quantity), 신뢰성(reliability), 적시성(timeliness), 형태(format) 등으로 나눈 것을 기준으로 하여 모바일인터넷을 통한 이용자의 정보가치 평가를 관련성(relevant), 정확성(accurate), 정보량(quantity), 신뢰성(reliable), 적시성(timely), 배열성(arrangement), 명료성(readable)로 도출하였다. 그리고 정보의 유형과 정보가치와의 상관관계를 통하여 이용자 특성에 맞는 맞춤 서비스를 제공하여 기업의 고객 이탈 방지 및 수익 창출에 이점을 누릴 수 있다고 강조하였다.

다음으로 모바일인터넷 시장에 대한 연구로서 김재윤(2001)은 모바일인터넷은 유선인터넷과의 특성 차이, 즉 이동성과 시간성, 개인성 등을 고려하여 차별화를 통하여 맞춤 서비스를 제공해야 하며, 경계를 정하지 않고 새로운 모델을 발굴하여 유선과는 다른 접근법과 방법론을 도출해야 한다고 하였다.

하태정(2001)은 해외 모바일인터넷 현황분석을 통하여 인터넷의 탈 중심성, 개방성, 양 방향성, 이동통신의 이동성, 휴대성, 양 방향성, 개인화 속성의 접목을 논하고, 이에 합당한 서비스 개발을 통한 소비자 만족과 이동통신 서비스 사업자들이 경쟁 심화에 따른 수익하락을 모바일인터넷 서비스를 통해 만회하기 위해서는 네트워크 구축과 마케팅을 통하여 막대한 손실이 불가피하며 수익성 확보를 위해서는 유사 기업 간의 협력과 전략적 제휴가 필수적인 요소임을 주장하고 있다.

박진현과 구자춘(2001)은 모바일인터넷 시장을 국내·외로 살펴보면서, 이용인구의 꾸준한 성장과 더불어 성장잠재력을 강조하면서, 국내의 모바일인터넷 시장이 활성화되기 위해서는 모바일인터넷의 요금제도 개선, GP와의 공정한 수익배분 등의 법·제도적인 개선이 선행되어야 한다고 주장하였다. 기술적인 측면에서도 이동통신 네트워크의 고도화, 모바일인터넷 콘텐츠의 고품질화와 호환성 확보, 단말기의 화면크기 확대와 키보드 입력 방식의 개선 및 배터리 수명 연장 등 효율적인 투자와 기술개발을 위한 노력이 필요하다고 강조하였다.

진재영(2003)은 일본과 우리나라의 소비자 이용행태 및 초고속 인터넷 시장을 비교하면서, 국내 모바일인터넷이 활성화되기 위해서는 네트워크의 고도화, 콘텐츠의 유용성 확보, 단말기 개발 및 적절한 보급, 그리고 모바일인터넷의 보편적 서비스의 범위를 확대하기 위해 이용가격의 조정을 제시하였다.

남찬기, 이중만, 이형직 등(2001)은 국내 이동통신 시장을 분석하여 시장의 성장 및 억제요인을 공급 측면과 수요 측면으로 구분하여 연구하였다. 3G 서비스 확산요인을 분석하면서, 서비스의 요금 수준이 이동통신 서비스에 비해 높을 경우 서비스 수요가 상대적으로 둔화됨을 밝히며, 서비스 사업자들이 서비스 요금 수준을 하나의 전략으로 활용할 수 있을 것이라 하였다. 또한 W-NAL 서비스가 3G 서비스의 대체 역할을 지니는지에 대해서는, W-LAN 서비스를 고려할 경우 고려하지 않을 경우보다 서비스 수요가 둔화되지만 그 차이는 크지 않은 것으로 조사되었다.

김인재, 이정우(2001)는 기존 이동통신 단말기 이용자가 새로운 모바일인터넷 서비스로 이전해 가는 기술수용 과정상에서 영향요

인들을 분석하였다. 연구결과 이용의도와 이용현황에 대한 분석에
있어 이용자의 모바일인터넷 서비스에 대한 인지도와 이동전화의
사용빈도가 높을수록, 이용자의 교육수준이 높고, 연령이 낮을수록
이용자가 느끼는 모바일인터넷 서비스의 용이성은 높아지며, 인지
된 사용의 용이성이 높을수록 모바일인터넷 서비스에 대한 사용
의 유용성 및 서비스 사용에 대한 사회적 압력을 느끼는 정도가
커진다는 것을 밝혀냈다. 또한 모바일인터넷 서비스를 사용해야
한다고 느끼는 사회적 압력과 이용의 유용성은 모바일인터넷 이
용의도와 이용현황에 유의하고 직접적인 긍정적 영향을 미쳤으나,
이용의 용이성은 이용의도와 이용현황에 직접적인 영향을 미치지
않는다고 하였다.

제2장 이론적 논의: 정보기술수용모형과 기대가치이론

1. 커뮤니케이션 테크놀러지의 발달과 사회적 수용

역사에 한 구획을 그었던 거대한 혁명 중에서, 사회적 역사가들에 의해 유일하게 그 가치를 인정받았던 혁명은 두 가지로 압축할 수 있다. 비록 각각의 혁명이 그 시기(timing)와 확장에 따라 차이는 있으나, 그럼에도 불구하고 특정한 국가에서의 사회적 변화와 발전에 있어서 동일한 것으로 간주되었는데, 그것은 〈산업혁명〉과 〈커뮤니케이션 혁명〉이라 할 수 있다.

산업혁명은 제품의 대량생산과 관련되며, 커뮤니케이션 혁명은 '상징의 대량생산'[6]과 관련된다 할 수 있다. 산업혁명과 커뮤니케

---

6) 이와 관련하여, Frank Webster는 오늘날 가장 현저한 변화는 최근 몇십 년 사이에, 상징이 엄청나게 다양해지고 많은 사람이 접근할 수 있게 되었다는 것을 주장하면서 놀라운 정도의 의미화(signification)가 나타나고 있다고 언급한다. 그에 따르면, 이러한 변화는 제도의 발전과 동시에 진행되고 있는데, 국제적이 광고산업, 출판업, 패션산업, 세계적인 미디어 생산업 등을 그 예로 생각해 볼 수 있다. 예컨대, 미디어 생산업자들은 우리 자신의 생활양식을 국내적으로 재조명하고 다른 생활양식에 대한 이미지를 제공하여 줌으로써, 사람들에 의해 수용되고, 거부되고 또는 재해석될 수 있는 대안적인 의미를 제시하여 주지만 언제나 상징적 환경의 표현형식을 추가시킨다는 것이다. 따라서 우리는 미디어가 편재한 환경 속에서 살고 있으며 이는 곧 삶이란 본질적으로 상징화(symbolization)에 대한 것, 즉 우리 자신과 다른 사람들에 대한 메시지의 교환과 수용에 대한 것임을 의미한다; Webster(1997), pp.50-51.

40

이션 혁명이 바라보는 관점의 차이에 따라 해석상의 차이는 있으나, 산업혁명과 커뮤니케이션 혁명이 인간의 사회 전반에 걸쳐 일정한 영향을 끼쳤다는 점에서는 논란의 여지가 없는 주지의 사실로 받아들이고 있는 것이 오늘날의 관점이라 할 수 있다. 그러나 '인간의 역사가 곧 커뮤니케이션의 역사'라는 관점을 적용하여 볼 때, 커뮤니케이션 혁명의 중요성은 실질적으로 산업혁명에 비할 바는 아니다.[7] 커뮤니케이션 혁명의 기초를 제공한 역사적 사건[8]으로는, 1455년 개발된 구텐베르크의 인쇄술을 필두로 하여 20세기 초반에 등장한 전파매체라 할 수 있다. 당시의 전파매체로는 영화, 라디오를 들 수 있으나, 가장 대표적인 전파매체로는 1927년 미국에서 최초로 영상실험 성공을 필두로 1945년 이후에 대중화된

---

[7] 인류문명의 변천의 역사는 곧 인간의 커뮤니케이션 발달과 그 궤를 같이 한다. 커뮤니케이션이란 미시적으로는 언어로 출발되는 인간 커뮤니케이션을 발단으로, 거시적으로는 기술이 접합된 매스 커뮤니케이션에 이르기까지 인간과 사회의 관계가 존립되는 궁극적인 근간이다. 커뮤니케이션이 내재하는 언어와 상징은 지정학적 조건을 초월하여 사회적 공동체 구성의 역사는 낳는다. 그리고 언어의 성숙된 표출로서 지식과 지혜가 바탕을 이루어 공동체적 문화를 형성한다. 인류의 존속이야말로 이러한 언어, 지식, 지혜, 문화 등의 사회화과정에서 구체화되는 커뮤니케이션으로 설명될 수 있을 것이다. 커뮤니케이션은 인간본능의 발전적 확장의 목적인 동시에 수단의 역사를 지닌다. 사회조직이 분화될 수밖에 없었고 조직적 기능이 극대화됨에 따라 인류의 생존을 유지시키는 근원은 새로운 지식의 지속적인 구현일 수밖에 없었다. 그리고 새로운 지식의 전승과 교류, 생성은 인간커뮤니케이션의 확장과정에서 끊임없이 현실화되는 역사적 과정이었다. 따라서 인간 커뮤니케이션의 확장의 역사는 곧 미디어의 역사이다: 전석호(1997), p.99.
[8] 대부분의 역사가들은 구텐베르크의 인쇄술이 개발된 시점을 매스 커뮤니케이션의 시작으로 상정하지만, Mary와 Molefi는 15세기 초, 즉 1400년에서 1410년 사이에 지금의 한국에서 개발된 금속활자 주조를 그 시초로 상정하고 있다: Mary & Molefi, 1979, p.20.

텔레비전을 들 수 있다.[9] 텔레비전의 등장은 커뮤니케이션 혁명에 있어서 가장 혁명적인 사건으로 받아들여지고 있는데, 전석호는 1940년대 등장한 텔레비전이야말로 금세기에 이룬 대표적인 기술적 산물이었다고 주장하면서 텔레비전의 정치력과 문화·사회적 역량을 강조한 바 있다.(전석호, 1997) 이러한 텔레비전의 등장과 확장은 당시의 주요한 미디어 이용 형태를 라디오에서 텔레비전으로 대체하였으며, 미국인의 라이프스타일에 대해 과도한 효과를 야기하기도 하였다.[10]

한편, 커뮤니케이션 테크놀러지의 역동성을 대변하는 용어로는 이른바 '디지털 테크놀러지(digital technology)' 혹은 '융합화(convergence)'로 언급되고 있다. 디지털 테크놀러지와 융합화는 서로 밀접하게 연결되어 있다고 볼 수 있는데, 디지털 테크놀러지

---

9) 미국에서의 텔레비전 확장과 관련하여 구체적으로 살펴보면, 1950년대의 전반기에 미국에서 텔레비전은 급속하게 팽창하기 시작하였는데, 당시 텔레비전 수상기 보유는 1950년과 1955년 사이에 4백 6십만 개에서 3천 2백만 개로 증가하였는데, 이는 거의 700% 증가한 수치이다(그리고 1959년까지 미국 가정의 88% 이상이 텔레비전 수상기를 보유). 또한 같은 기간 동안, 방송국의 수도 98개에서 522개로 증가하였는데, 당시 텔레비전의 등장에 따른 효과는 오락매체로서의 경쟁대상인 영화나 라디오 산업을 압도하였다. 한 예로써, 1946년 당시에 전성기를 구가하던 영화산업은 10억 7천만 달러였으나, 1958년까지 수익은 10억 달러 이하로 줄어들었다. 또한 라디오는 대다수의 주요 스타들을 텔레비전에게 빼앗기게 되었다. 자세한 것은 Susan, B. N., Literacy in the Television Age: The Myth of the TV Effect(New Jersey: Ablex Publishing Corporation, 1995), p.1; James R. W. & Douglas, A. F., The Broadcast Television Industry(Boston etc: Allyn and Bacon, 1998), p.13, 참조할 것.
10) 당시 텔레비전은 대다수 어린이들의 레저시간을 장악하였는데, 이로 인하여 영화 관람이나 잡지 읽기 등에 대한 하락현상을 가져왔으며, 이외에도 놀이친구, babysitter, 혹은 comic book 등을 대체하기도 하였다; Neuman(1995), p.2.

의 발달로 인하여 융합화가 가능해졌으며, 융합화는 다시 사회 전
반적인 영역에 혁명적인 변화를 야기하고 있다.

일반적으로 융합화는 "디지털 테크놀러지에 의해 각기 다른 형
태의 정보를 전달하는 망(network)"들의 경계가 흐려지는 것으로,
이는 특정경계가 흐려지거나 그러한 경계를 유지하는 자체가 근
본적으로 재고되거나 포기되는 것을 의미한다.(Kevin, 1997, p.5)
이러한 융합화는 일반적으로 정보처리 및 정보전송, 서비스 등과
같은 광범위한 애플리케이션(applications)을 통한 기술적 구성요
소의 발달 결과에 기인하는 것으로 파악되고 있는데, 융합화로 인
하여 나타나고 있는 가장 근본적인 변화는 서비스 작동 및 서비
스 전달 방식의 경계가 흐려지고, 또한 텍스트(text), 오디오
(audio), 비디오(video) 등의 기술적 차별성이 사라지는 것으로 파
악되고 있다.

이로 인하여 서비스 제공자는 이전보다도 훨씬 더 확장된 네트
워크의 능력과 다양성을 기반으로 현존하는 서비스 제공을 증대
시킬 뿐만 아니라 새로운 서비스의 창출에 대한 전망을 한층 밝
게 해 주고 있다. 또한 소비자는 시간과 장소의 제약에서 벗어나
광범위한 콘텐츠(contents)를 즐길 수 있게 되었다. 따라서 디지털
테크놀러지에 기반을 둔 융합화는 서비스 제공자나 소비자 모두
에게 커뮤니케이션 테크놀러지의 발전 지향 가능성을 열어놓았다
는 점에서 사회 전반에 걸친 변혁의 시발점으로 받아들여지고 있
다. 이러한 융합화는 기본적으로 1980년대부터 불어 닥친 신자유
주의와 그에 따른 탈규제(de-regulation), 그리고 경쟁촉진법인 텔
레커뮤니케이션법(Telecommunications Act of 1996) 등에 근간을
두고 있는데, 이는 곧 자유로운 상호 경쟁구도를 의미하기도 한다.

FCC(1999)의 한 보고서에서 언급한 것처럼, 자유롭고 개방적인 경쟁은 낮은 가격, 보다 새로운 서비스, 그리고 보다 확장된 소비자 선택을 보장함으로써 소비자 개개인과 사회에 이익을 가져다 주며, 궁극적으로 모든 시민들에게 경제적·사회적 복지를 가져다 줄 것으로 파악되었다. 실질적으로도 이러한 상호 경쟁구도는 오늘날 새롭고 보다 진보된 차원의 커뮤니케이션 테크놀러지와 서비스 등을 소비자에게 안정적이고 낮은 가격으로 제공할 수 있도록 하였으며, 끊임없는 기술개발과 투자는 오늘날의 융합화를 촉진시켰던 요인이라는 점은 주지의 사실이다. 따라서 오늘날 커뮤니케이션 테크놀러지에서의 역동적인 발전과 혁신은 비즈니스 영역은 물론 교육, 건강, 의료, 행정, 복지 등 우리의 일상 삶과 연관된 영역까지도 변형시켜 가고 있으며, 매우 짧은 기간 동안에 그 잠재력을 확장시켜 나가고 있는 것이다.(FCC, 1999, pp.342-350)

2. 정보기술수용모형(Technology Acceptance Model: TAM)

1) 정보기술수용모형의 배경이론

(1) 이성적 행위이론(Theory of Reasoned Action: TRA)

이성적 행위이론은 Fishbein과 Ajzen이 인간의 행위에 관한 이론적 모형을 제시한 것으로, 인간의 행위, 태도, 신념들 간의 관계

를 수학적 수식으로 표현한 모델이다. 특히 인간 행위의 결정요인
에 관련된 연구로써 사회심리학에서 널리 연구된 모델이다.

이성적 행위이론에 따르면 대부분의 인간 행위는 개인의 신념과
태도만으로서 예측될 수 있고 설명될 수 있다는 것이다. 다시 말해,
사람들이 대상에 대하여 가지고 있는 태도로부터 그들의 행동을 예
언하는 데 직접적인 경로를 가정하지 않고 '행위의도'라는 변인을
매개 변인으로 삼는 것이 이성적 행위이론의 특징이라 할 수 있다.
한편 이 이론에서는 개인의 태도와 함께 규범(norm)요인을 또 하
나의 중요한 외부변인으로 간주한다. 여기서 말하는 태도(attitude)
란 어떤 대상에 대한 태도를 말하는 것이 아니라 "어떤 행위를 하
는 것"에 대한 태도를 가리킨다.(나은영, 1994, pp.3-33)

이 이론의 근본적인 가정은 첫째, 인간은 합리적인 동물이기 때
문에 그들에게 이용 가능한 정보를 체계적으로 활용하거나 처리
한다는 것과, 둘째, 그 정보는 행위적 결정(behavioral decision)에
도달하려는 합리적 혹은 이성적인 방법으로 이용된다는 것이
다.(Petty & Cacioppo, 1983, pp.89-93)

다음의 〈그림-1〉은 Fishbein과 Ajzen의 이성적 행위이론 모델
로, 행위에 영향을 미치는 요인들을 나타내고 있다.

〈그림-1〉 Fishbein과 Azen의 이성적 행위이론 모델

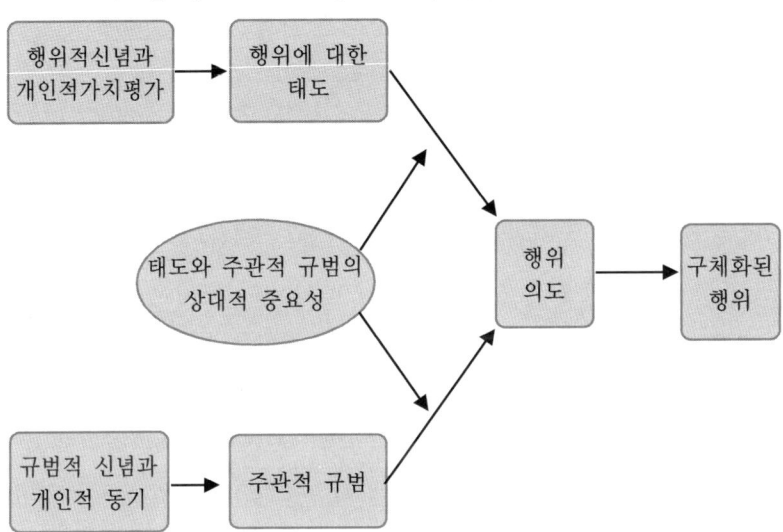

* 출처: Fishbein, M. & Ajzen, I., *Understanding Attitudes and Predicting Social Behavior.* (New Jersey: Prentice-Hall, Inc., 1980), p.80.

이성적 행위이론에 의하면 행위에 대한 태도와 사회적 규범 또는 주관적 규범은 행위 의도를 통하여 실제 행위에 영향을 미친다고 가정하고, 행위의도는 실질적 행위와 높은 상관관계를 갖는다고 가정한다. 즉 어떤 사람의 구체화된 행위의 성과는 그 행위를 수행하려는 행위의도에 의해 결정되고, 그리고 행위의도는 태도와 주관적 규범의 복합적인 작용에 의해 결정된다고 한다.(Fishbein & Ajzen, 1975, pp.311-315) 따라서 행위의도는 실제 행위에 영향을 주는 동기유발 요인을 내포하는 것으로 추정된다. 또한 여기서는 행위의도를 종속변수로 사용하며, 실제 행위의 좋은 예측치라는 것을 가정하고 있다. 그리고 이러한 태도와 주관적 규범이 미치는 상대적 중요성은

사람 또는 해당 행위의 종류에 따라 다르다고 한다.

그리고 인간의 행위(behavior)는 그 행위를 하려는 의도(inten-tion)에 영향을 받고, 의도는 그 행위에 대한 태도(attitude)와 주관적 규범(subjective norm)에 영향을 받는다. 그리고 행위에 대한 태도는 특정 행위의 수행에 대한 개인적 요인으로, 그 행위가 특정 결과를 야기할 것이라는 신념(belief)과 그러한 특정 결과에 대한 긍정적 혹은 부정적 가치평가(evaluation)에 의해 설명된다. 또한 주관적 규범이란 그 행위를 수행하는 것을 타인들이 어떻게 생각할 것인가를 의미하는 사회적 요인이다. 이러한 태도와 주관적 규범은 어떤 행위를 행하려는 의도를 결정하는 데 중요한 요소이며 '상대적 중요성(relative importance)'의 개념으로 두 요소의 중요성을 판단하는 것이다.(Fishbein & Ajzen, 1980, p.8)

이상의 내용을 Fishbein과 Ajzen(1980, p. 301)은 다음과 같은 방정식으로 표현하였다.

$$B \sim BI = (A_B)W_1 + (SN)W_2$$

B: **실제 행위** BI: 특정 방식으로 행동하고자 하는 행위의도
A_B: 행위(B)에 대한 태도
SN: 행위에 대한 주관적 규범(Subjective Norm)
W_1: AB의 행위적 의도에 대한 상대적 영향력 가중치
W_2: SN의 행위적 의도에 대한 상대적 영향력 가중치

위의 방정식을 살펴보면, 행위의도가 태도와 주관적 규범이 함수관계에 있음을 알 수 있다. 즉, 태도와 주관적 규범은 각 개인이 가지는 상대적 중요성에 의해 행위의도에 얼마나 영향을 미칠지

가 결정된다. 보통 태도를 행위의 직접적인 선행변인으로서 보는 모델이 많은데 이성적 행위이론은 태도를 행위의 예측변인으로서 직접적으로 가정하지 않고 행위의도를 그 사이에 삽입시킴으로써, 행위의도를 행위의 직접적인 결정요인으로 보고 있다는 특징이 있다.

다음은 태도와 주관적인 규범이 각각의 선행변인에 의해 어떻게 측정될 수 있는지 살펴보겠다. 태도는 개인이 어떤 대상이나 행위의 결과에 대하여 가지는 믿음의 강도와 그 대상이 가지고 있으리라고 생각되는 속성이나 행위의 결과에 대한 주관적인 평가에 의해 결정된다. 그 구체적인 측정방법은 다음과 같다.

$$A_B = \sum_{i=1}^{n} b_i e_i$$

A_B(Attitude): 어떤 대상, 행위 혹은 사건에 대한 태도
b_i(Belief): 대상이나 사건의 속성 혹은 행위의 결과에 대한 믿음의 강도
e_i(Evaluation): 속성이나 결과에 대한 주관적인 평가 또는 선호 여부

위의 방정식을 살펴보면, 태도는 믿음, 평가와 함수관계에 놓여 있다. 이와 같이 믿음(혹은 기대)과 평가의 곱한 값이 행위나 행위에 대한 태도에 영향을 미친다고 보는 것은 이성적 행위이론의 학자들이 공유하는 기본가정이다. 나아가 기대가치이론을 주장하는 학자들 또한 이러한 기본가정을 강조한다. 특히 Fishbein과 Ajzen은 믿음과 평가가 각각 독립적으로 태도에 영향을 미치는 것이 아니라 둘이 곱해져서 영향을 미친다고 보고 있다.

행위의도의 또 다른 선행변인인 주관적 규범은 준거집단이 개인의 행위에 대한 호의적 혹은 비호의적 반응을 하리라는 믿음과 개인이 준거집단의 생각을 따르려는 추종 동기와 함수관계에 있다. 즉 주관적 규범은 사회적 환경의 영향력을 다루고 있는데, 이는 준거인이나 준거집단에 대하여 개인이 인지하는 예상과 이들 예상을 따르려는 개인의 동기에 의해 결정된다. 이와 관련된 공식은 다음과 같다.(Fishbein & Ajzen, 1980, pp.301-302)

$$S_N = \sum_{i=1}^{n} b_i m_i$$

SN: 특정 행위와 관련된 주관적 규범
b_i(Belief): 준거인이나 준거집단이 개인의 행위에 대해 호의적 혹은
　　　　　　 비호의적 반응을 하리라는 믿음
m_i(Motivation): 준거인이나 준거집단의 생각에 따르려는 동기
n: 준거인이나 준거집단의 수

위의 방정식을 살펴보면, 개인의 태도가 그 행위의 수행에 대한 신념에 의해 결정되는 것처럼, 개인의 주관적 규범 또한 신념과 함수관계에 있음을 알 수 있다. 개인의 주관적 규범의 기초가 되는 것은 규범적 신념이다. 이것은 타인이 자신의 특정 행위에 대해 기대하고 있다는 신념과 그 기대에 부응하려는 마음자세이다. 개인의 주관적 규범은 이러한 규범적 신념에 의해 결정되는 것이다. 그리고 이렇게 형성된 주관적 규범은 태도와는 독립적으로, 특정 행위를 수행하게 하거나 하지 않도록 압력을 행사할 수 있다.

이성적 행위이론에 대한 주요 변수를 살펴보면, 우선 종속변수

인 행위를 설명하기 위해 독립변수로서 행위에 대한 태도와 주관
적 규범을 사용한다. 여기서 태도는 특정 행위 수행으로 기대되는
긍정적 혹은 부정적 결과들에 대한 개인의 행위적 신념과 이러한
결과들에 대한 개인적 평가에 의해 결정되며, 주관적 규범이란 특
정 행위를 수행하거나 수행하지 못하도록 개인에게 가하는 사회
적 압력과 관련이 있다. 즉 주관적 규범은 자신에게 중요한 준거
집단 혹은 준거인의 관점에 대해 개인이 느끼는 규범적 신념과
이러한 준거집단에 따르려는 개인적 동기에 비례하여 결정된다고
보는 것이다.

대부분의 사회적 행위들은 의도적인 통제하에 있으며 의도로부
터 행위를 예측하는 것은 가능하다. 이성적 행위이론에서는 의도
란 어떤 한 사람이 특정 행위를 수행할 것이라는 믿음이며, 어떤
행위를 수행하려는 또는 수행하지 않으려는 의도를 행위의 즉각
적인 결정요소로 보고 있다. 즉 의도가 개인의 자발적 행위를 직
접적으로 결정하며, 행위에 대한 가장 정확한 예측을 제공한다는
것이다. 이러한 의도는 그 사람의 개인적 특성요인과 사회적 영향
력을 반영하는 요인이라는 두 기본적인 요인의 함수이다.(Fishbein
& Ajzen, 1980, pp.5-11)

의도에 영향을 미치는 첫 번째 요소로서 개인적 특성요인은 특
정 행위의 수행에 대한 개인의 긍정적 혹은 부정적인 평가인데,
'행위에 대한 태도(attitude toward the behavior)'라고 일컬어진다.
이러한 '행위에 대한 태도'는 그러한 행위를 수행하는 것이 좋다거
나 나쁘다는, 또는 그 개인이 그러한 행위를 수행하는 것을 좋아
하거나 싫어하는 것에 대한 그 개인 자신의 판단에 대해 언급하
는 것이다. 즉 특정 행위의 수행에 대한 태도는 그러한 행위를 수

행하는 것에 대한 긍정적 혹은 부정적 가치평가인 것이다. 따라서 어떤 행위에 대한 개인의 태도가 호의적일수록 그 개인은 더욱 그 행위를 수행하고자 의도할 것이다. 예를 들어 이동전화를 구매하는 것에 대한 평가에 있어 어떤 사람은 이동전화의 구매라는 행위에 호의적인 태도를 가질 수 있고 또 어떤 사람은 비호의적인 태도를 가질 수도 있다. 이동전화를 구매하는 행위에 호의적일수록 그 개인은 더욱더 이동전화를 구매하려고 의도할 것이다.

의도에 대한 두 번째 결정요인은 그 개인이 특정 행위를 수행하거나 그렇지 않게 하도록 그 개인에게 작용하는 사회적 압력에 대한 그 개인의 지각, 즉 의도와 행위에 대한 사회적 환경의 영향력에 대한 것이다. 이 요인은 지각된 규범들에 대한 것이기 때문에 '주관적 규범'이라고 일컬어진다. 주관적 규범은 한 개인이 특정 행위를 수행하는 것에 대해 그 개인이 중요하게 생각하는 타인들이 어떻게 생각할 것인가에 관한 신념(normative belief)과, 그러한 중요한 타자에게 순응하려는 동기(motivation to comply)의 함수이다. 어떤 개인은 그에게 중요한 타인들이 그 개인이 특정 행위를 수행해야 한다고 지각하면 할수록 그 개인은 그러한 특정 행위를 수행하려고 더욱 의도한다는 것이다. 개인들은 그들이 특정 행위를 긍정적으로 평가하고 타인들이 그 개인에 대하여 그 특정 행위를 수행해야 한다고 믿을 때에 그 특정 행위를 수행하고자 의도한다는 것이다. 이러한 두 요인, 즉 행위에 대한 태도와 주관적 규범은 어떤 의도를 결정하는 데 중요한 요인이며, '상대적 중요성'의 개념으로 두 요인의 중요성을 판단한다. 대부분의 경우 태도와 주관적 규범의 두 요소는 일치한다. 하지만 가끔 이들 두 요소는 일치하지 않는 경우도 있다. 다시 말해, 어떤 개인이 특정 행위의 수행에 대한 호의적인 태도를 지녔다 할지라도 그 개인은 자신에게 중요한 타인들이 자신이 그 행위를 수행하지 않아야 한다고 생각하고 있을 것이라 믿을 수도 있기 때문이다. 따라서 한 개인의 의도에 영향을 미치는 주관적 규범과 태도 두 요소의 상대적 중요성을 고려할 필요가 있는 것이다. 이성적 행위이론에 따르면, 주관적 규범과 태도는 의도의 결정요인으로서 상대적 중요성을 반영하는 가중치가 주어진다. 두 요소 중에 어떤 한 요소가 매우 높은 가중치를 갖거나 전혀 가중치를 갖지 않을 수도 있다. 이러한 상대적 가중치는 행위마다 그리고 사람마다 다를 수 있는 것이다.

이러한 태도요소와 주관적 규범에 대한 고려는 왜 사람들이 특정 행위를 하는가를 이해하기 위한 두 번째 단계이다. 즉 행위에 대한 예측만을 위해서라면 행위에 대한 의도를 측정하는 것으로 충분할 수 있겠지만, 행위에 대한 보다 깊은 이해를 위해서 행위의도에 영향을 미치는 태도요소와 주관적 규범에 대한 고려가 필요한 것이다.(Fishbein & Ajzen, 1980, pp.62-73) 따라서 행위의도와 실제 행위 사이에 높은 상관관계가 존재하는 한, 행위의도에 영향을 미치는 요인들 또한 실제 행위에 대한 설명을 제공한다.

그리고 주관적 규범과 태도에 영향을 받는 의도는 행위의 즉각적인 결정요소이다. 그러나 의도와 행위의 관계가 항상 강력한 것은 아니다. 이는 다양한 사건들이 행위의도와 행위 사이에 존재할 수 있기 때문이다. 적절한 측정이 이루어졌다면, 이성적 행위이론에서 태도와 주관적 규범은 항상 의도를 예측할 수 있는 예측력이 있어야 한다. 또한 태도와 주관적 규범의 행위에 대한 예측력은 행위의도와 행위 사이 관계의 강도에 달려 있는 것이다.

따라서 행위에 영향을 미치는 요소에 대한 보다 깊은 이해를 위해서는 태도와 주관적 요인에 영향을 미치는 요인들에 대해 살펴볼 필요가 있다. 이성적 행위이론에서는 태도는 신념의 함수이다. 개인들이 그들 자신과 그들의 환경에 대해 가지고 있는 신념, 즉 개인들이 자신들과 그들이 살고 있는 세상에 대해 가지고 있는 정보가 그 개인의 태도와 주관적 규범을 결정하며 궁극적으로 의도와 행위를 결정하는 것이다. 어떤 행위를 수행하는 것이 대체적으로 긍정적인 결과를 낳을 것이라고 믿는 사람들은 그 행위를 수행하는 것에 대해서 호의적인 태도를 보일 것이고, 반면에 그 행위를 수행하는 것이 대체적으로 부정적인 결과를 낳을 것이라고 믿는 사람들은 비호의적인 태도를 유지할 것이다. 이렇게 행위에 대한 태도의 기초가 되는 신념은 '행위적 신념(behavioral beliefs)'인데, 이러한 행위적 신념은 어떤 행위가 특정 결과로 이끈다는 신념과 그 결과에 대한 평가로 나뉠 수 있다.

결국 Fishbein과 Ajzen의 이성적 행위이론은 인간의 행위가 그 행위를 하려는 의도에 영향을 받고, 의도는 그 행위에 대한 태도와 주관적 규범에 영향을 받는다는 것이다. 행위에 대한 태도는 그 행위가 특정 결과를 야기할 것이라는 신념과 그러한 특정 결과에 대한 긍정적 혹은 부정적 가치평가에 의해 설명되며, 주관적 규범은 그 행위를 수행하는 것을 타인들이 어떻게 생각할 것인가를 의미하는 것이다.

이처럼 행위이론은 사람들의 행위를 예측하기 위하여 사람들의 심리적인 측면까지 고려하였음을 알 수 있다. 각 개인이 가지고 있는 심리적 측면의 믿음과 평가, 주관적인 신념이 다른 변인들과 어떠한 관계를 가지고 행위에 영향을 미치는지를 과정적으로 설명하고 있으며, 각 변인들의 구체적인 측정방법까지도 제시하고 있음을 볼 수 있다.

(2) 계획된 행위이론

Ajzen의 계획된 행위이론(Theory of Planned Behavior: TPB)은 이성적 행위이론에서 사용자의 인지된 행위 통제(perceived behavioral control)라는 개념을 추가하여 인간의 기술수용 행위에 대한 설명력을 확장하려 한 이론이다. 이는 불완전한 자발적 통제를 가진 사람들의 행위를 다루기 위한 모형으로서 이성적 행위이론보다는 그 적용범위가 넓다.

Ajzen에 의하면, 개인은 기술수용행위의 성과를 촉진시키거나 제약할 수 있는 개인적인 요소나 외부요소들을 자신이 통제할 수 있다고 믿는 정도에 따라 기술수용 행위의도가 달라지게 된다는 점을 강조한다.(Ajzen, 1985), pp.19-36) 즉 행위의도에 영향을 미치는 외부변수로 지각된 행위통제 변인을 추가적으로 제시하면서 개인의 통제능력은 개인적 요소와 외부요소가 작용을 함으로써 행위의도에 영향을 미친다는 것이다. 나아가 계획된 행위이론에서는 행위에 대한 태도와 주관적 규범 등과 함께 지각된 행위통제가 행위의도에 영향을 미치고, 행위의도는 실제 행위가 일어나도록 한다는 것이다.

그리고 지각된 행위통제가 실제 행위에 직접적인 영향을 미치기도 한다. 지각된 행위통제는 행위를 수행하는 데 있어 용이성의 정도, 즉 필요한 자원, 기회, 숙련도 등의 과다여부에 대한 사람들의 인지와 관련된 것이라고 볼 수 있다. 또한 행위수행으로 인한

성과는 행위통제와 행위의도에 모두 의존한다는 가정에 기초하고
있다.

이에 대한 변인들 간의 상관관계를 그림으로 표시하면 다음의
〈그림-2〉와 같다.

〈그림-2〉 Ajzen의 계획된 행위이론 모델

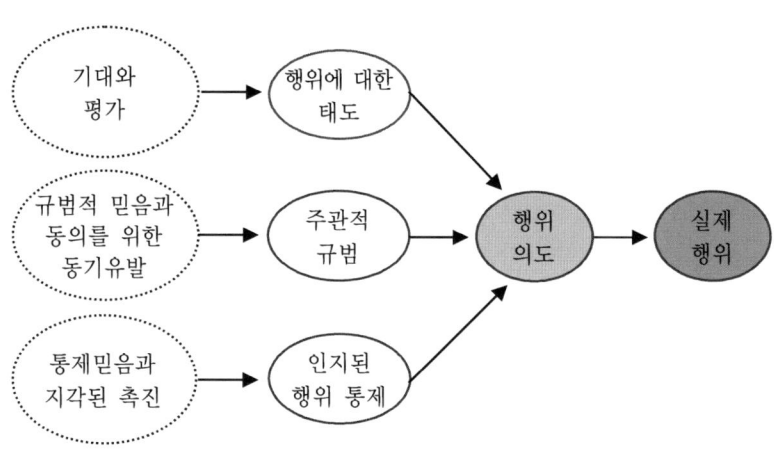

* 출처: Ajzen(1985), p.28.

여기서 통제믿음(control beliefs)은 개인이 행동을 수행하기 위
한 자원, 기회, 숙련도에 대해 통제할 수 있는 믿음 정도라 할 수
있다. 그리고 지각된 촉진은(perceived facilitation)은 행위를 안
하거나 혹은 촉진시키기 위한 통제 믿음에 대한 촉진 여부와 관
련되는 개념이다. 그러나 이러한 일련의 인과관계 및 선행변수들
간의 상호 의존성에 대한 실증분석은 여전히 미약한 상태에 있
다.(Xia & King, 1996, pp.16-18)

$$B = W_1(BI) + W_2(PBC)$$
$$BI = W_3(A) + W_4(SN) + W_5(PBC)$$

B: 실제 행위   BI: 특정 방식으로 행동하고자 하는 의도
PBC: 지각된 행위통제   A: 태도
SN: 행동에 대한 주관적 규범(Subjective Norm)
W_1: BI의 행위적 의도에 대한 상대적 영향력 가중치
W_2: PBC의 행위적 의도에 대한 상대적 영향력 가중치
W_3: A의 행위적 의도에 대한 상대적 영향력 가중치
W_4: SN의 행위적 의도에 대한 상대적 영향력 가중치
W_5: PBC의 행위적 의도에 대한 상대적 영향력 가중치

여기서 태도는 어떤 행위를 함에 있어서 호의적이거나 비호의적인 감정을 반영하는 것이다. 또한 주관적 규범은 개인의 행위를 수행하거나 수행하지 않기를 바라는 주위의 영향력 있는 대상인의 생각을 반영한다. 그리고 지각된 행위통제 변인은 내적이나 외적인 통제요인으로 작용하는 것으로, 특정 행위를 수행하는 데 필요한 지식, 기술, 자원 혹은 기회의 존재 여부 및 이의 통제능력과 관련된 것이다. 결국 계획된 행위이론에서 행위는 행위의도와 지각된 행위통제의 가중함수이고, 의도는 태도, 주관적 규범 그리고 지각된 행위 및 통제의 가중합계이다.(Ajzen, 1985, pp.11-39)

한편, 태도와 주관적 규범 그리고 지각된 행위통제와 같이 의도에 영향을 미치는 변수들의 결정요소는 개인이 가진 각각의 변인에 따른 신념체제에 따라 결정된다. 이것들은 태도적 신념, 규범적 신념, 그리고 통제신념으로 불리고 이들은 각각 태도, 주관적 규범, 지각된 행위통제와 관련이 있다. 그리고 태도는 행위를 함으로써 어떤 특별한 결과를 초래할 것이라는 태도적 신념과 결과의 바람직함에 대한 평가가 가중된다. 이를 수식으로 표현하면 다음과 같다.

$$A = \sum_{i=1}^{n} b_i e_i$$

A: 어떤 대상, 행위 혹은 사건에 대한 태도
b_i: 대상이나 사건의 속성 혹은 행위의 결과에 대한 믿음의 강도
e_i: 속성이나 결과에 대한 주관적인 평가 또는 선호 여부

그리고 주관적 규범은 개인의 규범적 믿음과 준거인 혹은 준거 집단의 관점에 따르려는 개인의 동기에 의해 가중된다. 이를 수식으로 표현하면 다음과 같다.

$$SN = \sum_{i=1}^{n} n b_i mc_i$$

SN: 특정 행위와 관련된 주관적 규범
b_i: 준거인이나 준거집단 i의 관점에 대한 개인의 규범적 신념
mc_i: 준거인이나 준거집단 i의 관점에 따르려는 동기
n: 준거인이나 준거집단의 수

한편, 지각된 행위 통제력은 특정 행위 수행에 필요한 개인적 요소(지식 혹은 기술) 및 상황적 요서(자원 혹은 기회)의 이용가능성에 대한 개인의 통제신념(control beliefs)의 합과 이들 요소들의 이용가능성이 목표 행위 달성에 기여하는 개인적으로 지각된 중요도를 가중함으로써 결정된다. 이러한 관계를 다음의 식으로 표현할 수 있다.

$$PBC = \sum_{i=1}^{n} C_i P_i$$

PBC: 지각된 행위통제
C_i: 장애요소 i의 이용가능성에 대한 통제신념
P_i: 장애요소 i가 목표행위 수행에 기여하는 지각된 중요도
n: 통제신념의 수

결국 계획된 행위이론은 행위예측을 위해 행위의도뿐만 아니라 개인의 통제능력 인식과 관련된 지각된 행위통제력이라는 변인을 도입하였다는 점에서 행위예측을 위한 다중적 차원의 접근법이라 할 수 있다. 계획된 행위이론에서 행위예측을 위한 행위의도와 지각된 행위통제력 변인의 상대적 중요성은 적용 상황과 예측 대상 행위에 따라 다르게 나타난다. 즉 개인의 의지적 통제가 가능한 행위에 대해서는 행위의도만으로도 해당 행위를 예측하는 것이 가능하지만, 해당 행위에 대한 의지적 통제가 어려워질수록 행위 의도 변인의 설명력은 낮아지고 지각된 행위통제력 변인의 상대적 중요성이 증가하게 된다. 하지만 이러한 계획된 행위이론은 모형에서 제시된 다양한 요소를 측정하는 하위 구성 개념들을 구체적으로 제시하지 못했다는 것을 단점으로 지적받고 있다.

2) 정보기술수용모형의 구성개념과 발전과정

앞에서 살펴본 이성적 행위이론 모형은 사람의 태도에 영향을 미치는 요인을 '신념'과 '평가'라고 하는 다소 추상적인 개념을 사용하였던 점이 단점으로 지적된다. 또한 계획된 행위이론에서 제

시된 다양한 요소를 측정하는 하위 구성개념들을 구체적으로 제시하지 못했다는 단점이 지적된다. 이에 Davis는 정보기술수용모형(Technology Acceptance Model: TAM)을 제시하면서, 정보시스템의 수용에 영향을 미치는 요소로 사람들이 지각하는 시스템의 유용성이나 이용의 편리성이라는 구체적인 수준의 개념을 제시하였다.

정보기술수용모형은 사회심리학의 이성적 행위이론에서 제시하고 있는 행위에 대한 태도와 행위의도 간 관계를 정보기술이용에 관한 연구로 확장한 모형이라 할 수 있다. 즉 정보기술수용모형은 이성적 행위이론과 기존 연구에 의해서 제안된 기초변수를 이용하여 기술 이용자의 행위를 설명하려는 모형이다. 이 모형에서 기존 연구는 기술수용을 결정하는 인지적 요인과 감정적 요인을 탐색하는 데 활용되고, 이성적 행위이론은 이들 변수 간의 이론적 관계를 모델화하기 위한 이론적 기초가 되었다.(조대우·황경연, 2001, p.3)

이 모형에서는 기술의 사용 의도와 기술사용에 대한 태도의 결정요소로 인지된 유용성과 인지된 편리성 개념을 도입하여 이성적 행위이론의 관점에서 설명하고자 시도한 것이다. 인지된 유용성은 "잠재적 이용자가 조직에서 정보기술을 이용하는 것이 직무성과를 향상시킬 것이라고 생각하는 정도"를 의미하고, "인지된 이용의 편리성은 "잠재적 이용자가 정보기술을 노력 없이 이용할 수 있을 것으로 기대하는 정도"를 의미한다.(Davis, 1986, p.26)

Davis는 인지된 유용성, 인지된 사용의 편리성과 같은 핵심 개념이 도출된 이론적인 근거를 다음과 같이 제시하고 있다.(Davis, 1989, pp.319-339)

첫째, Bandura의 자기효능이론(Self-Efficacy Theory)[11]에 그 기반을 두고 있다. 자기효능 개념을 미래의 상황에 대처하기 위해 요구되는 일련의 활동들을 잘 수행할 수 있다는 판단으로 보고, 인지된 이용 편리성과 유사한 개념으로 간주하는 것이다. 또한 자기효능이론에서 행위에 영향을 주는 또 다른 개념은 결과기대를 인지된 유용성과 유사한 개념으로 설명하고 있다.

둘째, Rogers의 개혁확산(Diffusion of Innovation)이론의 관점이 적용되고 있다. 이 이론에서는 채택 혹은 수용에 중요한 확산의 속성을 상대적 이점, 적합성, 복잡성, 시험가능성, 가시성 등을 언급하고 있는데, 정보기술을 확산의 하나로 볼 때, 상대적 이점은 인지된 유용성을, 복잡성은 인지된 이용의 편리성과 반대의 개념으로 제시하고 있다.

---

11) 자기효능이론은 인간의 행동은 그 행동에 따른 성과판단과 그 행동을 수행하는 절차에 대한 자기효능판단(self-efficacy judgments)에 의해 결정된다는 이론이다. 여기서 자기효능판단이란 목적수행을 위한 상황대체에 필요한 절차를 얼마나 쉽게 완수할 수 있는가에 대한 자신의 판단인데, 결과기대는 그 행위가 성공적으로 이루어졌을 때 자신에게 가치 있는 결과가 나타날 것이고 확신하는 정도를 말한다. Bandura는 어떠한 상황에서도 개인의 행동은 자기효능판단과 결과기대에 의해 결정된다고 주장한다. 이러한 자기효능 관련 패러다임은 이론적 설득력에도 불구하고, 모바일인터넷 이용자의 정보시스템 사용 상황에 적합한 척도를 제시해 주지 못하는 아쉬움이 있다. 더 자세한 내용은 Bandura, A., "Self-Efficacy Mechanism in Human Agency", American Psychologist, Vol.37, No.2, 1982, pp.122-127 참고할 것.

〈표-1〉 인지된 유용성과 인지된 이용의 편리성 구성 항목

인지된 유용성	인지된 이용의 편리성
-신속한 업무처리(work more quickly) -업무성과(job performance) 개선 -생산성(productivity) 향상 -업무의 질(quality) 향상 -업무의 용이함(makes job easier) -업무에 유용하게(useful) 이용	-배우기 쉬움(easy to learn) -이해하기 쉬움(understandable) -숙달(become skillful)이 용이함 -사용하기 쉬움(easy to use) -원하는 것을 얻기 쉬움 (controllable) -유연성(flexible) 있는 여러 기능 제공

정보기술수용모형에 따르면, 인지된 유용성은 정보기술 사용의 행위의도에 직접적으로도 영향을 미치며, 이용의 편리성과 외부변수의 결합 형태에 영향을 받게 된다. 또한 유용성과 사용의 편리성은 외부변수들에 의해 영향을 받는 것으로 나타난다. 이를 요약하면 다음의 〈그림-3〉과 같다.

〈그림-3〉 Davis의 정보기술수용모형

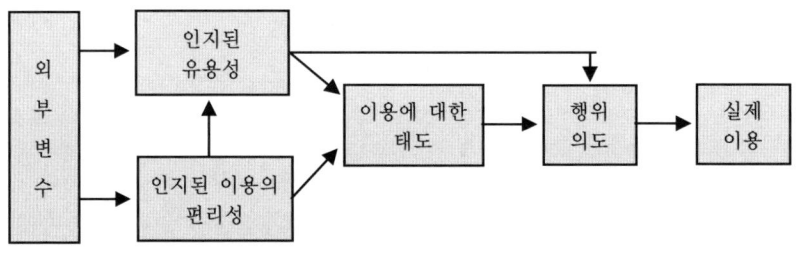

*출처: Davis, Bagozzi & Warshaw(1989), pp.997.

위 모형에서의 행위의도는 실제 이용에 직접적인 영향을 미치는 것으로 모델화하였다. 여기서 행위의도는 실제 이용에 대한 태

도의 가중함수로써 표현할 수 있다. 그리고 이용에 대한 태도는
기술사용에 대해 호의적이거나 비호의적인 감정과 기술을 이용하
는 것이 업무 수행을 향상시킨다는 믿음을 반영하는 인지된 유용
성으로 나타난다. 다시 말해, 태도는 인지된 유용성과 인지된 이용
의 편리성에 의해 결정된다. 결국 이용의 편리성은 인지된 유용성
에 직접적인 결정요소로 모델화된다. 이들의 관계를 수식으로 표
현하면 다음과 같다.

$$B \sim BI = W_1(A) + W_2(U)$$
$$A = W_3(U) + W_4(E)$$
$$U = W_5(E)$$

B: 실제 행위   BI: 행위의도   A: 행위에 대한 태도
U: 지각된 유용성 E: 지각된 편리성
$W_1 \sim W_5$: 각 변인에 부여되는 상대적 중요성

　Davis의 정보기술수용모형은 앞에서 살펴본 이성적 행위이론과
비교하였을 때, 정보기술의 이용이 행위의도에 의해 결정된다고 하
는 가정은 같지만, 행위의도가 실제 이용에 대한 태도와 인지된 유
용성에 의해 결정된다고 하는 점이 다르다. 또한 이성적 행위이론에
서 행위의도 의결요소인 주관적 규범을 기술수용모형에서는 포함시
키지 않았다. 이는 사용하는 정보기술에 대한 의도가 태도와 상관없
이 사용 시스템의 업무수행 결과를 기대하는 데 기초를 두고 있기
때문에 주관적 규범은 고려치 않아도 무방하다고 하여 기술수용모
형에서 제외한 것이다.

　결론적으로 정보기술수용모형에 따르면 기술은 이용하기 쉬울
수록, 유용하다고 지각되면 될수록 이용에 대한 태도와 의도는 더

긍정적으로 되고, 기술의 이용은 증가하게 된다는 것이다. 이용의
도는 실제 이용행위 유발의 전조로 간주되고, 이것은 기술사용의
직접적인 결정요소가 된다. 따라서 이용의도를 모형에 포함시키는
것이 이용의도를 포함하지 않은 모형에 비해 정보기술수용모형과
이성적 행위이론 모델이 예측력을 증가시키는 것으로 나타난다.

그러나 정보기술수용모형은 사람의 태도에 중요한 영향을 미치
는 사회적인 요소가 빠져 있다는 치명적인 단점이 있다. 그래서
이러한 요소들을 보완하여 정보기술수용모형을 수정한 모형들이
최근에 많이 제시되었다. 이에 다음에서는 정보기술수용모형을 확
장하여 연구된 기존의 관련 문헌들을 고찰함으로써 다양한 외적
변인들의 작용에 대해 알아보고자 한다.

3. 기대가치이론(Expectancy-Value Theory)

1) 기대가치이론의 등장 배경

기대가치이론(Expectancy-Value Theory)은 본래 사회심리학에
서 발전해 온 것으로, Tolman, Lewin, Escalona, Festinger, Atkin-
son, Vroom 등에 그 지적 뿌리를 두고 있다.(Galloway & Meek,
1981, pp.435-449) 이들의 초기 연구들은 기대가치이론이라는 명칭
을 사용하지 않았지만 공통적으로 '기대(Expectancy)'와 '가치
(Valence)'라는 개념을 포함했으며, 인간의 행위가 개연성(proba-
bility)에 대한 행위자의 인지와 행위의 결과에 대한 가치에 의해 결

정된다는 기본전제를 공유하고 있다. 이러한 기대가치이론은 여러 영역에 적용되어 인간의 행위에 영향을 미치는 요인들을 과정적으로 설명할 뿐만 아니라 성공적으로 예측함으로써 경험적 지지를 받아 왔다.(Swanson, 1987, pp.237-254) 따라서 이용과 충족 연구에서도 수용자의 매체선택 행위를 기대가치이론을 이용하여 분석하려는 시도를 하게 된 것이다.

이러한 수용자의 매체선택 행위와 관련된 이용과 충족 연구에 기대가치이론을 적용시킬 수 있었던 이유는 다음과 같다.

첫째, 두 이론 모두 인간의 본질에 대하여 공통된 기본전제를 지니기 때문이다. 기대가치이론은 인간의 본질을 어떠한 판단을 하기 위해 스스로 정보를 이용, 평가하며 결정에 이르는 이성적 존재로 파악한다. 또한 각 개인은 자신의 욕구를 알고 그 욕구를 표현할 수 있는 존재로 여기고 있다. 인간의 정보처리에 대한 기대가치이론의 이러한 가정은 이용과 충족 연구의 능동적 수용자 개념과 일치되므로 매체의 이용과 충족 현상을 설명하는 데 유용한 접근으로 이용될 수 있었던 것이다.

둘째, 두 이론은 모두 행위의 방향이라는 상황에 대한 인지와 욕구를 충족시키려는 시도에 의해 결정된다는 인지적 통로-목표(path-gole)지향 접근법이다.

셋째, 방법론적인 측면에 있어서도 두 이론은 모두 개인이 자신들의 충족 영역을 스스로 충분히 표현할 수 있을 만큼 잘 알고 있으며, 적어도 자신들이 알기 쉽고 친숙한 언어 형식으로 표현되었을 때는 이를 이해할 수 있다고 가정한다.

넷째, 기대가치이론은 이용과 충족 연구의 개념적 모호성을 보완해 줄 수 있다. 앞에서 살펴보았듯이, 이용과 충족 연구는 중심

개념의 모호성이 가장 큰 문제점 중의 하나로 지적받아 왔다. 특히 매체 이용행위에 영향을 미치는 심리학적 변인인 '기대'의 개념에 대한 정의가 이루어지지 않아 이론개발에 한계를 지니고 있었다.[12] 하지만 기대가치이론은 욕구를 충족시키려는 행위에 대한 '기대'가 적절하게 탐구될 경우 명확해질 수 있다고 가정하고 이를 측정 가능한 '믿음(belief)'의 개념으로 구체화시켰다.

다섯째, 기대가치이론은 최근 이용과 충족 연구가 중점을 두고 재해석하려는 '충족'요인과 관련해서도 유용성을 제공한다. 기대가치이론은 충족의 이론적 틀과 개념적으로 양립하기 때문에 사람들이 매체에 노출되는 과정에 '추구충족'이나 기타 요인들의 영향력을 보다 정확히 이해할 수 있도록 해 준다. 즉 '추구충족'에 다양한 기대가치 구성요인의 측정을 덧붙임으로써, 시청동기와 시청행위 간의 관계에 대한 이론의 타당성을 높이고 새로운 매체에 대한 노출행위를 효과적으로 예측할 수 있는 가능성을 얻게 된 것이다.

따라서 이용과 충족 연구자들은 기대가치이론을 적용함으로써 기존에 행위를 결정짓는 요인으로 밝혀진 것들과 추구충족 간의 관계를 보다 명확히 하고, 충족 및 기타 요인들에 대한 수용자의 기대가 매체 이용에 미치는 상대적인 영향력을 측정함으로써 행위를 설명하는 데 있어 유용한 이론적 틀을 확립하게 된 것이다.(Swanson, 1987, p.239)

---

12) 이용과 충족 연구에서는 '기대'를 여러 행위에 대해 수용자들이 할당한 충족의 가능성(McLeod & Becker), 미디어에 대한 수용자의 요구(Peled & Katz), 특정의 사건이 어떤 결과를 가져오리라는 감정적인 예측(Mendelshon), 추구충족(Katz, et. al) 등 여러 가지로 정의되어 왔다.

기대가치이론이 보다 정교하게 모델로 제시될 수 있었던 것은 앞에서 살펴본 Fishbein과 Ajzen의 이성적 행위이론에서 비롯된다. 이들은 1967년, 기대가치이론을 도입하여 이 이론을 수정, 발전시켰다. 즉 기대가치이론은 사람들이 어떤 행동을 선택하는 과정에 대해 설명하기 때문에 이용과 충족 현상에 적용한 연구들 역시 특정 매체나 내용에 대한 사람들의 노출행위에 초점을 맞추고 있다. 따라서 사회나 구조적 제약이 없을 경우 사람들이 매스미디어에 노출되는 것은 특정 메시지나 매체와 관련되어 사람들이 추구하는 기대 및 가치평가에 의해 이루어진다고 가정한다. 물론 기대가치이론이 가정하는 것처럼 매체에 대한 수용자의 노출행위가 언제나 완전히 자의적으로 행해지는 것은 아니다. 예를 들어, 어떠한 경우에는 습관에 의해 행위가 이루어질 수 있으며, 사회구조적인 변인이 행위에 영향을 미칠 수도 있는 것이다. 그러나 노출행위가 자의적인 통제하에 일어나는 한 기대가치이론은 매체선택 행위에 영향을 주는 심리학적 요인을 분석하는 데 유용한 시각을 제공하는 접근방법인 것이다.

한편, Palmgreen과 Rayburn은 이용과 충족의 기대-가치 모형을 제안하고 검증하였다. 이들은 논문에서 추구충족과 획득충족을 구별하여 이를 불일치이론(Discrepancy Theory)과의 관계 속에서 설명하고 있다.13) 이러한 개념들은 McGuire의 학습이론에서 파생

---

13) Palmgreen과 Rayburn은 일반적인 텔레비전 시청에서 추구되는 충족과 대비하여 공영방송을 보면서 실재로 얻어지는 혹은 충족될 것으로 기대되는 충족과의 차이를 보여주고자 하였다. 연구결과 일반적으로 공영방송을 스스로 선택하여 시청해 온 시청자들은 텔레비전을 보는 동기가 훨씬 뚜렷한 경향이 있는 반면 공영방송을 시청하지 않는 집단에서는 공영방송을 시청하는 이유로 시간을 때우거나 동료애에 대한 동기가 강했다. 즉 공영방송 비시청자에게 있어 충족추구와 충족획득 사이의 차

된 모델로써 추구충족과 실질적으로 얻어진 충족 사이의 갭 혹은 불일치가 작으면 작을수록 충족을 위한 행위가 강화되어 매체 사용이 증가하게 됨을 뜻한다.(은혜정·나은영, 2002, p.218)

이들은 사회심리학에서 널리 사용되고 검증된 기대가치이론과 이용과 충족 연구의 결합은 매우 중요한 것으로 보고, 기존 연구들에서 구분되어 사용되지 않은 '추구충족'과 '획득충족'의 구분이 학문적인 발전에 기여할 것이라고 하였다.(Palmgreen & Rayburn Ⅱ, 1982, pp.561-580) 나아가 기대가치이론을 그들의 연구에 적용하여, 믿음과 평가의 곱한 값을 미디어 노출의 선행변인으로 보았으며, '추구충족'과 '획득충족'의 구분을 통하여 미디어에 대한 수용자의 노출을 예측하고자 하였다. 이들의 이러한 모델은 기대가치이론을 적용한 이론 중 가장 정교한 모델을 제시한 것이라고 평가받고 있다.

Palmgreen과 Rayburn은 기존의 기대가치이론의 기본가정 및 개념을 공유하면서 다음과 같이 자신들만의 독특한 모델을 구성하였다.

첫째, 사람들은 다양한 매체에 대한 상이한 믿음과 평가를 가지고 있다. 각 매체에 대한 이러한 상이한 믿음과 평가를 '기대가치'라고 부른다.

둘째, 사람들은 매체에 대한 기대가치를 바탕으로 자신이 가지고 있는 다양한 욕구 중에서 특정한 욕구는 특정 매체를 이용함으로써 충족하려 한다. 이러한 특정 매체에 대한 충족기대를 '추구충족'이라 한다. 그리고 어떤 매체에 대하여 수용자들이 지닌 추구충

이는 공영방송 시청자보다 더욱 크다는 점을 밝혔다: 은혜정, 나은영, 2002, pp.217-218.

족은 매체에 대한 선별적 노출 및 이용과 관련이 있다.

셋째, 사람들은 실제로 특정 매체를 이용함으로써 욕구가 충족됨을 지각한다. 특정 매체의 이용에 따른 욕구충족의 지각을 '획득충족'이라 한다.

이에 다음에서 Palmgreen과 Rayburn의 기대가치이론 주요 개념인 추구충족과 획득충족에 대해 살펴보고, 이들 간의 관계 분석을 통한 기존의 관련 연구들을 살펴보고자 한다.

2) 기대가치이론의 주요 개념

앞에서 살펴본 충족 구성개념의 구체화는 이용과 충족 연구의 주요한 한계였던 동기와 그로부터 얻어지는 충족 간의 모호한 개념을 명확히 하기 위한 시도였다. 이러한 충족 개념의 구체화 작업은 추구충족과 획득충족의 명확한 구분으로부터 비롯되었다. 추구충족과 획득충족의 연구는 두 충족 개념의 불일치, 두 충족 개념의 상관관계 및 차이, 둘을 합치거나 나누어 미디어 노출이나 인구통계학적 변인 등에 개별적인 영향을 주는지를 검증하는 것이 주요한 연구의 흐름이다.(홍명신, 2002, p.12) 이러한 관점은 사람들이 미디어 경험으로부터 추구하는 것과 획득하는 것 사이의 관계의 본질을 조명함으로써 이용과 충족 연구의 발전에 커다란 기여를 한 것이다.

Lometti 등(Lometti, Reeves & Bybee, 1977, pp.321-338)은 과거 이용과 충족 연구의 일반적인 실패는 연구자들이 수용자가 주어진 미디어 경험으로부터 얻고자 하는 것과 수용자들이 추구하는 것의 차이를 구분하지 않았기 때문이라고 지적했다. 그리고 추구충족과 획득충족 사이의 정확한 관계가 조사되지 않았다는 점을 제기하였다.

한편 Greenberg는 미디어에 대한 이용 동기적 측면을 추구충족으로, 미디어에 대한 수용자의 욕구가 충족되는 측면을 획득충족으로 구분할 것을 제안하였다.14) 다음의 〈그림-4〉는 Greenberg가 추구충족과 획득충족 개념의 분리하여 구성한 모델이다.

〈그림-4〉 추구충족과 획득충족의 분리 개념

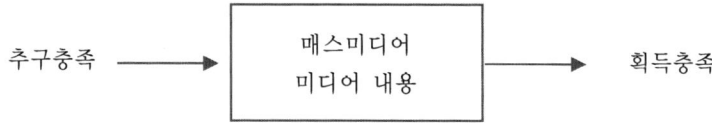

추구충족 ⟶ 　매스미디어　미디어 내용　⟶ 획득충족

 * 출처: Greenberg(1974), p.89.

Katz 등도 수용자들이 미디어 노출 이전에 형성되는 내용에 대한 기대와, 소비로부터 순차적으로 확보되는 만족은 구별되어야 한다고

---

14) Greenberg는 충족의 개념을 사전조사와 사후조사로부터 구분하여 실시할 경우 사후조사로부터 얻어진 결과는 그가 원하는 것이 무엇인지 혹은 그가 가지고 있던 생각이 무엇인지를 명확하게 해 준다는 것이다. 사람들은 특정 욕구를 만족시키기 위해 미디어에 다가가거나 그러한 욕구를 위해 미디어 내의 특정한 내용에 접근한다는 기본가정에서 출발했다. 기존의 연구방법은 미디어 시청자가 수용한 반응 혹은 특별한 내용에 대한 선호를 구별할 수 없으며, 그가 무엇을 추구하고 무엇을 가지기를 원하는지 정확한 진술이 필요하다고 언급했다. 즉 추구충족은 미디어 노출을 유도하는 것이며, 획득충족은 그 결과물이라고 볼 수 있다. 몇몇의 경우에는 추구충족과 획득충족이 서로 불일치되는 경우도 있는데, 충족의 불일치는 미디어 노출 전과 후의 차이를 설명한다고 주장한다: Greenberg, 1974, pp.71-92.

주장했다. 이러한 관점에서 수용자의 미디어 이용 동기 의도인 추구충족과 미디어 이용 경험으로부터 얻게 되는 획득충족의 분리를 주장한 것이다. 나아가 수용자들의 과거 경험의 차이를 중요시하였다. 즉 수용자 개인이 미디어를 이용하려 한 의도는 그 개인이 생각했던 결과에 대한 소비와 유사하다는 것이다. 그 결과물은 앞으로 개인이 미디어를 평가하고 미디어 행위를 하는 데 중요한 분기점이 된다는 것이다. 이러한 개념적 구분의 기준은 시각적인 사전·사후 개념과 미디어 노출이라는 두 가지의 관점이다. 추구충족은 미디어에 대한 노출 전에 각 개인이 특정 미디어나 미디어 프로그램, 미디어 내용을 통하여 얻으려는 충족을 의미하며, 획득충족은 실제로 특정 미디어를 이용한 후 얻게 되는 충족을 의미하는 것이다. 여기서 추구충족은 미디어 태도의 평가와 믿음 양쪽에 의해 영향을 받는다. 반면에 인지된 획득충족은 믿음과는 강력한 관계가 있지만, 근본적으로 평가에 대한 부분과는 관련되어 있지 않다.(Rosengren, Wenner, & Palmgreen., 1985, p.28)

Palmgreen과 Rayburn은 추구충족과 획득충족의 구분에 많은 관심을 보여 왔다. 이들은 "이용과 충족 연구는 만족과 그 선행변인 혹은 후속변인 간의 관계에 대한 주요 문제를 경험적으로 설명함 없이 충족의 유형화에만 주력하여 왔다."고 지적하면서 충족과 관련된 변인들 간의 관계를 설정하는 데 주력하였다. 이들은 추구충족의 선행변인으로서 믿음과 평가의 곱한 값과 함수관계에 있는 것으로 파악하였다. 즉 개인들이 미디어를 통해 얻고자 하는 충족은 각 개인이 미디어나 미디어의 내용 등에 대해 가지는 믿음과 그 미디어가 가지고 있다고 생각하는 속성이나 결과에 대한 감정적인 평가에 의해 결정된다는 것이다. 이에 Palmgreen과

Rayburn은 다음과 같은 구체적인 측정방법까지 제시하고 있다.

$$GSi = biei$$

여기서 GSi는 미디어와 관련된 어떤 대상인 X(미디어, 프로그램, 내용의 유형)로부터 얻어진 i 번째의 충족을 나타낸다. 그리고 bi는 X가 어떤 속성을 가지고 있다거나, X와 관련된 행동이 특정한 결과를 가져올 것이라고 하는 신념을 뜻하며, ei는 특정 속성과 결과에 대한 감정적인 평가이다. 일반적으로 이 모델은 미디어가 제공하는 이익에 대한 지각의 중요성과 개별 수용자에게 이러한 이익이 차별적 가치를 갖는다는 점을 강조한다. 이는 미디어 이용이 기대되는 잠재적인 충족 가운데서 가능한, 다양한 범위의 긍정적 선택뿐 아니라 회피에 의해서도 형성될 수 있다는 것을 제시해 준다.(McQuail, 2000/2002, p.473) 그리고 기대(추구충족)와 만족(획득충족)을 구분하고 있으며, 만약 만족이 기대보다 크면 사용이 점차 증가할 것이고 만족이 기대보다 작으면 사용이 점차 줄어들 것이라고 예측한다. 이에 텔레비전과 같은 기존의 매체에서 타당성이 검증되었던 이 모델이 모바일인터넷의 상황에서도 잘 적용될 수 있는지 확인하는 작업도 중요하다 할 수 있겠다.

위의 공식을 보면, 앞에서 살펴본 Fishbein과 Ajzen이 이성적 행위이론에서 수용자의 태도를 측정하는 데 사용했던 공식을 추구충족을 측정하는 데 사용하고 있음을 알 수 있다. 하지만 이것은 이성적 행위이론에서의 태도와 Palmgreen과 Rayburn이 사용하고 있는 추구충족이 같은 개념임을 나타내는 것이 아니다. 단지 태도의 선행변인인 기대가치 값이 태도와 추구충족을 각각 독립적으로 예측할 수 있다고 보고 있는 것이다.(Palmgreen & Rayburn Ⅱ, 1982, p.567) 또한 추구충족과 획득충족이 단일 모델 내에서 결합되는 유용성을 주장하였으며, 추구충족과 획득충족의 관계가 어떻게 미디어 혹은 미디어의 내용의 선택, 노출의 수준, 미디어 의존, 미디어 효과와 관련되어 있는지를 설명하는 것에 초점을 맞추고 있다. 이들은 연구를 통해 각 개념들 간의 관계를 확인하였으며, 이를 종합하여 수용자의 믿음과 평가에서 획득충족까지를 연속적 과정으로 보는 모델을 다음과 같이 구성하여 제시하였다.

〈그림-5〉 추구충족과 획득충족의 기대-가치 모델

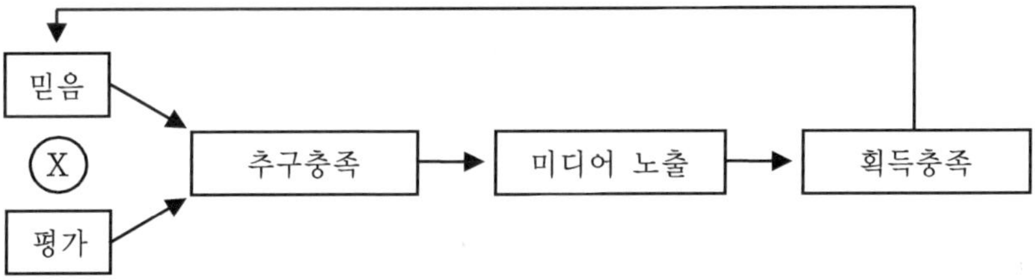

■ 믿 음: 어떤 대상이 특별한 속성을 지니고 있다거나 그 행위가 특별한 결
         과를 가져오리라고 인지된 가능성
■ 평 가: 속성이나 행위적 결과에 대한 긍정적 혹은 부정적인 감정의 정도
■ 추구충족: 특정 미디어를 이용함으로써 얻으려는 충족
■ 획득충족: 실제로 특정 미디어를 이용함으로써 얻게 되는 충족

* 출처: Palmgreen & Rayburn Ⅱ(1984), p.540.

위의 모델에 따르면, 어떤 대상에 대한 수용자의 믿음과 평가는 추구충족에 영향을 미치며, 이는 미디어 노출에 영향을 미친다는 것을 보여주고 있다. 믿음과 평가의 곱한 값은 추구충족과 함수관계에 있으며, 추구충족이 미디어 노출의 결정요소로서 작용한다. 그리고 수용자는 미디어 노출 후에 획득충족을 인지하게 되고, 이

인지된 획득충족은 수용자의 미디어에 대한 믿음에 피드백으로 작용함으로써 이 모델에서는 끊임없는 순환이 일어나게 된다. 하지만 이 피드백이 믿음에만 일어날 뿐 평가에는 영향을 미치지 않는다고 하였다.

또한 매체의 이용행위로부터 얻는 충족은 시간이 흐름에 따라 잠재적으로 증가한다는 것을 기본가정으로 삼고 있다. 따라서 추구충족이 획득충족보다 클 경우, 수용자들이 해당 미디어나 프로그램에 만족하고 있다고 평가한다. 하지만 반대의 경우가 일어날 가능성도 배제할 수 없다. 예컨대 이용행위의 순환성을 수용자의 입장에 대입하면 이용의 누적성을 가져오지만, 그러한 문제는 논의되지 않았다. 이는 텔레비전과 같은 기존의 보편화된 미디어를 대상으로 이론적 체계를 갖추었기 때문으로 풀이된다. 하지만 모바일인터넷과 같이 확산과정에 있는 미디어에서는 이용자의 개인차에 따라 이론적으로 중요한 차이를 나타낼 수 있을 것이다.

제3장 모바일인터넷의 등장과 특성

1. 모바일인터넷의 등장과 커뮤니케이션적 함의

인류의 물질문명이 발달하면서 교역이 이루어지는 과정도 많은 변화를 가져왔다. 19세기는 철도에 의해 육지에서 대량으로 수송이 가능하였으며, 20세기는 고속도로의 확장을 통한 차량의 운송수단이 발달하였고, 21세기에 들어 디지털 혁명에 의한 인터넷이라는 통신망에 의해 전 세계 지구촌에서 정보공유 및 전자무역이 활발하게 전개되고 있는 것이다.

이렇듯 디지털 혁명이라는 단어로 요약되는 정보통신기술의 발전은 우리 삶의 방식에 지대한 변혁을 초래하고 있다. 이는 개인용 PC와 인터넷의 폭발적인 보급 및 발전, 그리고 전자상거래와 이 - 비즈니스(e-business)로 요약되는 지식과 정보에 기반을 둔 비즈니스의 변화, 정보 공유를 통한 사이버 세계의 활성화, 언론이나 방송 등을 대체할 새로운 미디어로서의 역할 등 경제적, 문화적 정치적, 사회적 관점에서 인간의 생활에 혁신적인 변화를 가져오고 있는 것이다.

20세기 중반에는 텔레비전이라는 아날로그 방식의 미디어가 출현함으로써 인류의 삶의 양식이 새롭게 규정되었다면, 21세기는 미디어로서의 기능도 담당하는 디지털 방식의 인터넷 출현으로 시간과 공간의 장벽을 극복하고 의사소통행위를 할 수 있는 계기가 된 것이다. 따라서 기술의 발전은 현대를 살아가는 인간에게 가장 큰 영향력을 미치는 미디어 기술의 발전과 그 맥을 함께하고 있는 것이다.(성동규, 2002, p.24)

미디어의 특성은 전달할 메시지의 형식과 내용에 영향을 줄 뿐만 아니라, 그 자체가 하나의 사회·문화적 가치를 지니게 된다. McLuhan에 의하면, 디지털 기술의 발전으로 인해서 새로운 미디어가 출현하게 되었고, 이 새로운 미디어는 디지털 방식의 사회를 도래시킨 것이다. 즉 기존의 아날로그 방식의 미디어는 인간의 확장(extension of man)을 아날로그 방식으로 가능하게 해 주었다면, 인터넷이라고 총칭되는 매체는 이미 미디어의 물리적 속성을 변화시켰을 뿐만 아니라, 정보의 양식을 전자적 비트(bit) 방식으로 전환시켰다.(McLuhan, 1966/1999), pp.24-39)

한편 이러한 비트 방식의 디지털 시대의 도래에 대해 Negroponte는 기존의 아톰(원자) 속에 생활하던 인간은 바야흐로 디지털 신호체계인 비트, 즉 0과 1의 전자적 조합으로 이루어진 물질환경의 새로운 세계를 맞이하게 되었다고 주장하였다. 기존의 미디어는 빛이나 음파, 혹은 문자가 지닌 고유한 물질적 속성을 가능한 충실히 재현하고자 했다. 따라서 이질적인 신호를 전달하는 미디어는 서로 별개의 신호처리 방식을 가질 수밖에 없었다. 그러나 비트의 시대에 이르러 기존의 아날로그형 미디어는 차츰 컴퓨터의 기계적 논리연산으로 운영되는바 '물리적인 경계가 없는' 디지털 매체 시스템으로 거듭나게 되었다. 디지털 시스템은 디지털 방식의 미디어를 통해서 현대 문명생활의 전 분야에 걸쳐 스며들게 되었다.

이러한 디지털 기술의 발전으로 인해 가장 두드러진 사회적 변화를 야기한 것은 인터넷으로 대변되는 월드와이드웹(World Wide Web)의 출현이다. 인터넷은 그 폭발적인 성장을 거듭하여 세계에서 가장 막강하고 중요한 미디어로 성장하게 되었다. 인터넷이 보다 중요한 이유는 커뮤니케이션 수단이 우리 생활과 사회적 관계의 모든 면을 매개한다는 사실 때문일 것이다. 나아가 통합 미디어로서의 인터넷이 우리의 삶을 지배하고 있는 것이다.

〈그림-6〉 통합 미디어로서의 인터넷

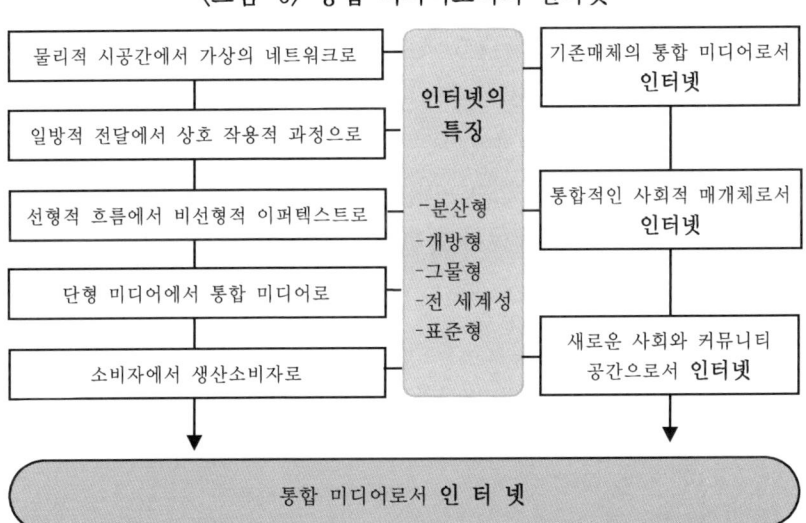

* 출처: 성동규·라도삼(2000), p.81.

위의 〈그림-6〉에서 볼 수 있듯이, 인터넷은 네트워크로서 다음과 같은 특징을 지니고 있다.(성동규·라도삼, 2000, p.81) 첫째, 정보의 분산과 공유를 통한 분산형 네트워크로서 클라이언트/서버시스템으로 구성되어 있다는 점이다. 둘째, 기술적으로든 사회적으로든 특별한 규제나 통제가 없는 개방형 네트워크라는 점이다. 셋째, 방사형의 직렬형 네트워크가 아니라 그물형의 병렬형 네트워크로 구성되어 있다는 점이다. 넷째, 전 세계적인 네트워크라는 점이다. 그리고 마지막으로 HTTP의 표준화된 프로토콜과 HTML의 표준화된 문서양식으로 구성된 네트워크라는 점을 들 수 있다.

최근에는 소위 '이동통신과 인터넷의 결합'이라 일컬어지는 '모바일인터넷'의 이용이 빠르게 확산되어 가고 있는 추세이다. 이는 한 사람의 개인에 의해 하드웨어가 소유되며, 그 크기도 작아서 오랜 역사적 흐름 속에서 '나만의 미디어(my medium)'를 추구해 온 인간에게 새로운 개념의 매체로 인식되는 동시에 그 이용 역시 급속한 속도로 확산되어 가고 있는 것이다. 이러한 상황 속에서 처음에 인터넷과 모바일인터넷은 별개의 미디어로서 서로 다른 정보와 서비스를 제공해 왔으나, 점차 시간이 흐르면서 상호 연동을 구축하여 동일한 정보와 서비스를 두 미디어를 통해 자유롭게 이용할 수 있는 커뮤니케이션 환경을 구축하고 있다.(성동규, 2002, p.85)

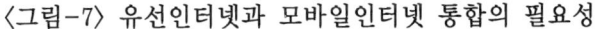

〈그림-7〉 유선인터넷과 모바일인터넷 통합의 필요성

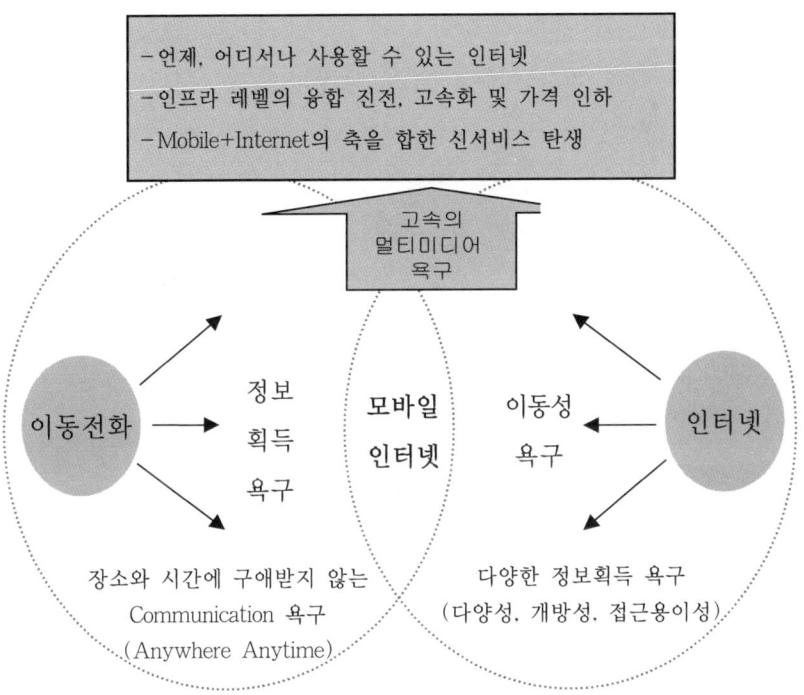

* 출처: 이영곤(2002), p.23.

모바일인터넷을 이용한 커뮤니케이션은 기존의 인터넷이 가지고 있던 물리적인 공간의 제약에서 벗어날 수 있다는 특성을 가지고 있다. 인터넷은 통신이 가능한 컴퓨터가 있는 곳에서만 이용할 수 있기 때문에 물리적인 공간의 제약이 어느 정도 존재하는 미디어이다. 하지만 이동성과 휴대성이라는 커다란 장점을 가지고 있는 모바일인터넷은 장소와 시간에 구애받지 않고 이용이 가능하기 때문에 유선인터넷이 가지고 있는 한계를 극복하고 시공간을 한 차원 더 넓힘으로써 인간의 커뮤니케이션 행위를 무한대로 확장하고 있다.

또한 모바일인터넷을 매개로 이루어지는 커뮤니케이션은 기존의 유선인터넷 매개 커뮤니케이션보다 훨씬 개인적이라 할 수 있는 데, 장소에 구애받지 않고 아무 곳에서나 사용이 가능하다는 특성과 함께 E-mail 확인, 채팅, 게임, 증권이나 금융 관련 서비스, 쇼핑, 전자상거래 등 다양한 서비스를 이용할 수 있기 때문에 개인화된 방식으로 커뮤니케이션할 수 있다. 그리고 기존의 음성전달 위주였던 이동전화가 점차 문자, 정지화상, 동영상 등으로 확장됨에 따라 데이터의 양은 기하급수적으로 증가하게 되고 이를 효율적으로 전송하기 위한 통신망의 광역대역화가 꾸준히 이루어지고 있다. 이러한 데이터 속도의 향상에 의해 개인 미디어로서의 이동전화는 다양한 커뮤니케이션 형태를 창출할 수 있으며, 이용자는 언제 어디서든 자신이 원하는 다양한 콘텐츠와 서비스를 이용함으로써 개인의 욕구를 충족시킬 수 있다.

기존의 유선인터넷 환경은 다양한 정보획득이 가능한 수단이며 다양성, 개방성, 접근용이성이 보장되지만 이동성의 욕구를 만족시키지 못하고 있다. 반면 모바일인터넷은 장소와 시간에 구애를 받지 않아 이용자의 커뮤니케이션 욕구를 만족시켜 주지만 정보획득에 대한 충족을 가지지 못하고 있다. 이러한 환경에서 최근 들어 유선인터넷과 모바일인터넷의 통합에 대한 논의가 서서히 제기되고 있다. 유선인터넷과 모바일인터넷의 통합은 이동전화의 정보획득 욕구와 유선인터넷의 이동성 욕구를 동시에 만족시켜 줄 수 있는 고속의 멀티미디어 욕구를 만들어 낸다. 결국 언제 어디서나 사용할 수 있는 인터넷 환경, 인프라 레벨의 융합진전과 모바일 통신 속도의 고속화 및 가격 인하를 기반으로 모바일과 인터넷을 더한 통합적 환경의 새로운 서비스가 탄생하게 되는 것이다. 이에 모바일인터넷의 등장배경 및 성장요인을 다음과 같이 구분하여 살펴볼 수 있다.(김충남, 2003, pp.24-25)

첫째, 네트워크 및 단말기 한계의 극복을 들 수 있다. 고속전송이 가능한 CDMA 2000 1X 및 EV-DO의 망 구축으로 상용화되면서 데이터 전송속도의 획기적인 발전을 통한 단말기에서 다운로드 및 실시간 전송을 자유롭고 불편함 없이 사용할 수 있게 되었으며, 이동전화 단말기는 흑백 및 작은 화면을 극복하고 컬러 및 중형 화면으로 교체되어 가면서 모바일인터넷의 활성화 기반을 갖추고 있다.

둘째, 모바일인터넷 기술의 발달을 들 수 있다. 기존의 유선인터넷에서 사용되던 HTTP(Hyper-Text Transfer Protocol), XML(Extensible Markup Language), CGI(Common Gate Interface) 등의 기술들이 모바일인터넷에 그대로 적용하기에는 문제점이 많이 있으며, 이러한 문제점들을 모바일인터넷 단말기와 연결되는 프로토콜기술(WAP, ME 등)의 발달과 모바일인터넷 단말기에서 동작하는 플랫폼(BREW[15]), GVM[16]), KVM[17]))의 개발에 따른 동작속도

---

15) BREW(Binary Runtime Environment for Wireless)는 미국 Qualcomm 사가 코드 분할 다중 접속(CDMA) 방식의 이동통신용으로 개발한 플랫폼을 말하는 것이다. 데스크 탑 컴퓨터와 마찬가지로 이동전화로 프로그램 다운로드나 업그레이드, 저장, 삭제는 물론 이메일, 단순 메시지, 실시간 탐색, 대화, 단체 게임 등을 편리하게 이용할 수 있는 환경을 제공한다. 자바 기반의 기존 플랫폼과는 달리 이용자들이 원하는 소프트웨어를 단말기에 직접 내려 받아쓸 수 있는 점이 특징이며, 통신 사업자마다 플랫폼이 달라 많은 문제를 초래하고 있는 이동 콘텐츠 분야의 기술 표준으로 무선인터넷 활성화에 크게 기여하고 있다: 정보통신부 IT 용어사전, http://www.mic.go.kr/index.jsp

16) GVM(General Virtual Machine)은 신지소프트에서 개발한 순수 국내

로 인하여 이용자들이 불편함 없이 이용할 수 있는 기술이 발달
하게 된 것이다.

셋째, 시간과 장소에 관계없이 인터넷에 접속할 수 있다는 점을
들 수 있다. 유선인터넷의 활발한 보급과 이동통신 기술의 발전에
따른 모바일인터넷 단말기는 단순한 음성통신에서 다양한 솔루션
의 제공과 더불어 언제, 어디서나 인터넷 접속이 가능함으로써 더
욱 유용하게 사용할 수 있는 통신매체로 등장하고 있는 것이다.

넷째, 멀티미디어 서비스를 제공한다. CDMA 2000 1X EV-DO,
IMT-2000 서비스 도입을 통한 고속 데이터 및 동영상 전송을 실
현함으로써 유선인터넷에서 제공되는 멀티미디어 형태의 다양하
고 풍부한 정보제공 서비스를 즐길 수 있는 것이다. 이러한 정보
제공 서비스는 MP3 등 파일형태로 만들어진 디지털 오디오 및

기술로 제작하여 상용화된 최초의 플랫폼이란 점에서 의미를 둘 수 있
다. 사용언어는 자체 개발된 모바일 C언어를 사용하고 있으며, SK텔레
콤에서 공급하는 단말기에 탑재하여 엔탑 마법사라는 명칭으로 제공되
며, 모바일인터넷 게임에서 많이 활용되고 있다. 적은 메모리 사용에
따라 모바일 단말기에 적합한 방식으로 TCP/IP에 직접 연결되어 브라
우저에 관계없이 서비스를 제공할 수 있으며, VM의 장점이자 단점인
인터프리터 방식을 이용함으로써 제한적 성능이 문제 된다: 김충남,
2003, p.269.

17) KVM(Kilobyte Virtual Machine)은 선 마이크로시스템즈에서 개발한
미들웨어 플랫폼으로 자바 언어를 사용하여 자바 가상머신(Java
Virtual Machine)상에서 스크린폰, PDA, 셋톱박스, 이동전화 등에 탑재
를 위한 가용 메모리가 123Kbyte 정도인 제품을 겨냥한 기술로 개발되
었다. KVM은 다른 형태의 다바이스 간의 기본적인 기능들을 수용할
수 있는 최소한의 자바 가상머신과 자바 API(Application Program
Interface) 구성을 제공한다. 그리고 16비트 또는 32비트 프로세서의 전
체 메모리가 256k 정도인 디바이스를 대상으로 하지만 디바이스 자체
의 메모리 크기와 디바이스에 필요한 기능들을 충족하기 위해 유동적
으로 적용될 수 있다: 김충남, 2003, p.270.

비디오를 모바일인터넷 단말기를 통하여 실시간 및 다운로드로 언제든지 장소에 관계없이 즐기게 된다.

다섯째, 전자제품에 대한 원격 조정이 가능하다는 것이다. 모바일인터넷을 통하여 기존에 사용 중인 전자제품에 대한 원격 조정이 가능하게 되어, 인터넷에 접속되어 있는 사전제품 및 장비들을 외부에서 모바일인터넷 단말기를 통하여 언제 어디서든 상태를 점검하고 조정하는 것까지 가능하게 된 것이다.

이러한 변화와 아울러, 모바일인터넷 시장은 다양한 경제적, 기술적, 서비스적 요인들의 융합에 의해 주도되고 있으며, 더 이상 특정한 요인이 단독으로 시장확대를 주도하기 어려운 상황에서 이러한 요인들은 매우 밀접한 관계를 갖으며 발전하고 있다.

모바일인터넷은 무엇보다도 통신환경 변화의 중심에 있으며, 이러한 변화는 통신·컴퓨터·방송 등 관련 산업의 전 범위에서 활발하게 진행되고 있고, 모바일의 특성을 살려 장소에 제한 받지 않고 다양한 멀티미디어 및 인터넷 기반 서비스를 활용할 수 있는 다양한 기술의 융합을 주도하고 있는 것이다.

다음의 〈그림-8〉은 모바일인터넷에 의한 커뮤니케이션 영역의 통합된 부분을 나타낸 것이다.

〈그림-8〉 모바일인터넷에 의한 커뮤니케이션 영역의 통합

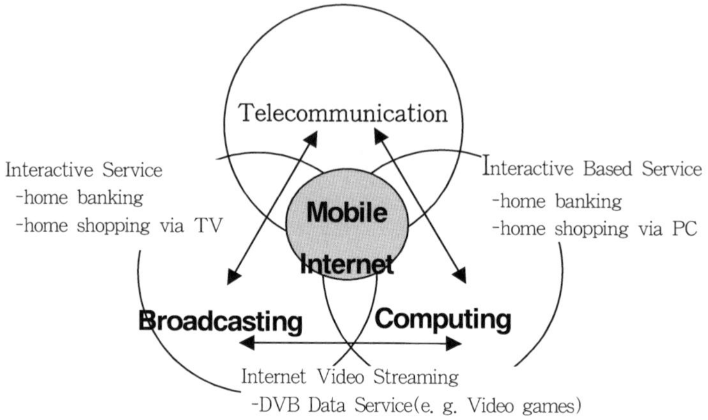

Telecommunication

Interactive Service
-home banking
-home shopping via TV

Interactive Based Service
-home banking
-home shopping via PC

Mobile Internet

Broadcasting   **Computing**

Internet Video Streaming
-DVB Data Service(e. g. Video games)

* 출처: ARC Group, 2001/2002), p.43 재구성.

이에 다음에서는 모바일인터넷에 대한 선행연구들과 일반적인 논의를 통하여 모바일인터넷에 대한 개념 규정과 함께 유선인터넷과의 비교를 통한 특성, 그리고 현재 제공되고 있는 서비스의 유형과 콘텐츠에 대해 살펴보고자 한다.

2. 모바일인터넷의 특성과 서비스의 유형

1) 모바일인터넷의 개념과 특성

(1) 모바일인터넷의 개념

무선인터넷을 문자 그대로 보면, 가입자가 유선(fixed line)이 아

닌 무선인터넷 단말기와 이동통신망, 위성통신망 등의 무선인터넷 네트워크를 통해 언제 어디서나 인터넷 서비스를 제공받을 수 있는 무선의 인터넷 환경을 말한다. 이에 무선인터넷은 이동 중 정보의 수집 및 검색, 이메일 송수신, 예약 및 예매 등 커뮤니케이션의 신속성과 다양성의 필요에 의해 창출되었기에 궁극적으로 단말기 하나로 언제, 어디서나, 자유롭게 원하는 정보에 접근할 수 있다는 편리성을 이용자들에게 제공해 준다.(장근영, 2001, pp.65-66)

이러한 무선인터넷의 개념에 대해, Strategis Group(1999)은 무선데이터통신 서비스를 "이동 중 전자 데이터 송수신할 수 있는 모든 종류의 통신서비스"라 정의하면서 무선인터넷 서비스를 음성 및 메시지 전송, 데이터 전송, 인터넷 접속, 팩스, 위치정보 등의 무선데이터통신서비스의 한 유형으로 보고 있다. 한편, 정보통신정책연구원의 보고서(2001)에 의하면, 무선인터넷 서비스란 "무선으로 음성, 데이터, 영상 정보를 송수신할 수 있는 서비스"이며, 'Wireless Internet'이 아닌 이동성이 강조되는 'Mobile Internet'의 개념으로서 정의하고 있으며, 하태정(2001)은 무선인터넷을 "디지털화된 정보 및 콘텐츠를 인터넷과 무선 네트워크를 이용하여 최종 이용자의 정보 단말기에 제공하는 서비스"라 정의하고 있다. 그리고 김용수(2000)는 무선인터넷이란 이용자가 이동 중 무선망(wireless network)을 통해 인터넷 서비스를 제공받을 수 있는 '환경과 기술'이라 정의한 바 있으며, 안현택 등(2000)은 무선인터넷을 '이동통신망을 통하여 마이크로 브라우저가 장착된 단말기로 인터넷 접속을 제공하는 서비스'라 말하며, 경우에 따라 무선 LAN, 블루투스[18] 등의 구내 무선인터넷 접속을 제공하는 서비스

---

18) 블루투스(bluetooth)는 두 개의 영어 단위로 구성된 합성어로서, 이의 기

도 무선인터넷 범주에 포함된다고 설명하였다.

이처럼 무선인터넷의 개념에 대해 다양한 정의가 내려지는 이유는 무선인터넷을 파생시킨 두 영역, 즉 무선과 인터넷의 개념을 어떻게 규정하느냐에 따라 차이를 보인다고 할 수 있다. 즉, 무선이라 하였을 때 그 범위를 이동전화와 같은 모바일 기기에 국한시킬 것인지, 아니면 주파수를 이용하여 무선통신을 사용하는 모든 유·무선통신 기기들을 모두 포함시킬 것인지의 여부와 함께, 인터넷을 단순한 텍스트나 이메일 전송뿐만 아니라 웹 검색이나 멀티미디어 서비스 등 보다 복잡하고 넓은 형태로 볼 것인지 등에 따라 광의의 무선인터넷에서 협의의 모바일인터넷까지 다양한 개념과 정의가 나타날 수 있기 때문이다.

무선인터넷을 광의의 개념으로 보았을 때, 무선인터넷 서비스를

원은 10세기 스칸디나비아 국가에서 덴마크와 노르웨이를 통일한 바이킹으로 유명한 헤럴드 블루투스(Herald Bluetooth)의 이름에서 유래되었다. 헤럴드가 스칸디나비아를 통일한 것처럼 블루투스 기술로 서로 다른 통신장치 간에 짧은 거리(100m 이내)에서 선 없이 단일화된 연결장치로 통신이 가능하도록 한다는 것이다. 블루투스는 1994년 스웨덴의 에릭슨사에 의해서 이동전화와 주변기기들 간의 통신을 목적으로 하는 저전력을 사용한 저렴한 가격으로 구현 가능한 무선 인터페이스(Radio interface) 장치를 연구하면서 사용되었다. 이러한 무선 인터페이스 장치를 전 세계적으로 단일화하기 위해 1997년 이동전화 생산업체와 접촉을 시작하여 1998년 3월에 에릭슨, 노키아, IBM, 도시바, 인텔로 구성된 특별관심그룹(SIG: Special Interest Group)을 발족하면서 블루투스라는 명칭이 정식으로 사용되었다. 또한 모토로라, 마이크로소프트, 루슨트 테크놀러지, 3Com 등 4개 회사가 가세하여 현재 블루투스에 가입된 업체는 9개 회사로 늘어났다. 국내에서도 LG정보통신, 삼성전자, SK텔레콤 등이 가입되어 있다. 블루투스의 필요성은 컴퓨터 통신과 이동통신 간에 통신선로를 사용하지 않고 자유롭게 연결할 수 있도록 하는 것과 동시에 유무선데이터의 활성화를 촉진시키는 역할을 하기 때문이다: 김충남(2003), pp.361-363.

제공할 수 있는 네트워크는 이동전화를 비롯한 IMT-2000, 무선호출, 주파수공용통신(TRS: Trunked Radio System), 무선데이터통신망 (DWD: Dedicated Wireless Data), 광대역무선가입자망(B-WLL: Broadband Wireless Local Loop), LMDS(Local Multipoint Distribution Service), MMDS(Multichannel Multi-point Distribution Service)[19], 무선 LAN, 블루투스 등과, 고밀도 고정통신 서비스(HDFS: High Density Fixed Service) 등 다양한 통신인프라 를 통해 무선인터넷 서비스를 이용할 수 있는 환경을 말한다. 이러한 개념을 '무선 고정 인터넷'과 '무선 이동 인터넷'으로 구분하여 살펴 보면, '무선 고정 인터넷'이란 통신환경의 이동성이 제한된 환경하에 서 블루투스나 무선 LAN, B-WLL 등을 이용하여 인터넷 서비스를 이용하는 형태를 의미한다.

다음의 〈그림-9〉는 모바일인터넷의 범위를 구분하여 놓은 것이다.

---

19) LMDS(Local channnel MultiPoint Distribution Service: 지역채널다지 점분배서비스)란 무선 케이블TV 전송 방식의 하나로 28GHz 주파수 대 역을 사용한다. 채널당 대역폭은 아날로그의 경우 20MHz 디지털의 경 우 40MHz/채널이며 서비스반경은 5km 이내이다. LMDS는 미국의 셀 룰러비전사에서 28GHz 대역의 영상분배서비스로 시작됐는데, 최근 미 국과 캐나다에서는 LMDS에 고주파 증폭기술, 디지털 영상 압축 기술, ATM기술 등을 부합시켜 케이블 없이도 가입자에게 전화에서 영상에 이르는 전 범위서비스(통신, 방송)가 가능한 무선 멀티미디어시스템 개 발을 추진 중이다. LMDS는 서비스 지역을 이동전화처럼 여러 셀로 나 눠 양 방향으로 음성과 데이터를 주고받을 수 있다는 특성이 있어 무선 케이블TV 전송 방식 중 가장 유망한 방식으로 각광받고 있다. 그리고 MMDS(MultiChannel MultiPoint Distribution Service: 다채널다지점분 배서비스)란 무선 케이블TV 전송 방식의 하나로 2.5GHz 주파수 대역을 사용하며 채널당 대역폭 6MHz/채널을 갖는다. MMDS는 미국의 경우 200여 개 운용업체 및 120만 가입자가 이용 중이며 전 세계적으로 80개 국 500만 가입자를 가지고 있다; http://www.etimesi.com/db/word

〈그림-9〉 모바일인터넷의 범위 구분

Wireless	WLL MMDS/LMDS 무선 LAN	모바일인터넷 이동전화, PDA
Fixed	Bluetooth Desktop, 노트북 등	

$$\text{−} \longleftarrow \quad \textbf{Mobility} \quad \longrightarrow \text{+}$$

* 주: 도표에서의 음영 부분은 본 연구에서 주안을 두어 분석하는 모바일
  인터넷 범위를 나타냄.
* 출처: 한국인터넷 정보센터(2002), p.16 재구성

무선 고정 인터넷은 이동성이 제한되기는 하나 전송 용량 및 전송속도에서 유선인터넷 환경과 유사한 수준의 서비스를 제공한다. 한편 무선 이동 인터넷은 이동전화나 PDA 등을 통한 인터넷 접속을 의미하며 통상 무선인터넷이라 하면 이 부분을 지칭한다.

광의의 무선인터넷 개념 중에서 B-WLL, LMDS/MMDS, HDFS 등과 같은 고정형 무선통신망은 단지 가입자 접속 부문만이 무선으로 구성되어 있기 때문에 이를 통하여 무선인터넷이 제공된다 할지라도 독자적인 산업 영역으로 구분할 만큼 유선인터넷과 차별성을 갖는다고 보기는 어렵다. 이러한 서비스는 무선 네트워크의 가장 큰 장점인 '이동성(mobility)'을 보장하지 못하기 때문에 기존의 유선인터넷과 이에 따른 애플리케이션 및 콘텐츠 측면에서 별다른 차이가 없어 진정한 의미의 무선인터넷이라 하기에는 무리가 있다.

따라서 무선인터넷이 기존의 유선인터넷과 다른 독자적인 산업

영역으로 존재하기 위해서는 가장 큰 차별적 요소인 '이동성
(mobility)'이 강조되어야 하며, 무선인터넷을 이동통신 네트워크를
이용한 인터넷 서비스로 한정한 협의의 개념으로 파악할 필요가 있
다.(박진현·구자춘, 2001, p.24)

협의의 무선인터넷은 이동전화에 내장된 브라우저를 통한 데이
터통신, PDA나 기타 휴대용 단말기의 웹 클리핑(web-clipping)
기술을 통한 이동 컴퓨팅 서비스, 무선 모뎀을 사용해 이동전화
네트워크를 이용하는 무선인터넷 접속 서비스라고 할 수 있으며,
무선인터넷이 아닌 '이동인터넷'에 그 초점을 맞추어야 할 것이다.
협의의 개념으로 구분하였을 경우에는 일반적으로 무선(wireless)
의 개념보다 이동형(mobility) 인터넷 서비스를 일컫는다.(삼성경
제연구소, 2001, p.8)

우리가 일반적으로 무선인터넷이라 칭할 때는 대개 휴대형 이
동통신 기기를 통한 인터넷 서비스를 지칭한다. 이는 무선인터넷
이용자가 언제, 어디서나 단말기를 휴대하면서 무선인터넷을 구현
할 수 있어야 함을 전제하는 것이다. 따라서 노트북과 같이 휴대
성이 제한적인 기기는 모바일인터넷의 범주에서 제외된다.

또한 모바일인터넷과 무선데이터통신 역시 구분될 필요가 있는
데, 무선데이터통신은 기업의 데이터베이스를 무선으로 접속하기
위한 수단으로 도입되었기 때문에 대부분의 경우 일반인을 대상
으로 하는 공중망의 개념보다는 특정 기업의 사설망이라는 개념
이 더욱 강하다. 용도 자체 역시 복잡한 정보의 검색이나 분석보
다는 간단한 데이터의 입력, 업무지시, 메시지전달 등의 기능에 주
안을 두어 발전하였기 때문에 모바일인터넷의 범주에서 제외될
수 있을 것이다. 그리고 국내의 경우, 이동전화를 통한 무선인터넷

은 '단순문자정보서비스(SMS: Short Message Service)'와 '순수한
무선인터넷서비스'를 구분하고 있다. 이는 정부가 웹브라우저 장착
단말기가 아닌 일반 단말기를 통해 SMS 서비스를 이용하는 고객
은 무선인터넷 가입자로 분류하지 않았기 때문이다. 이에 본 연구
에서도 SMS 서비스 역시 모바일인터넷의 서비스에서 제외하기로
한다.

이와 관련하여, 현재 제공되고 있는 무선인터넷 서비스 혹은 무
선데이터 서비스는 다양한 형태의 무선접속 방식과 서비스 형태
를 보이고 있다. 관련 서비스는 기술적 구성과 시장성 등을 고려
할 때 다음의 〈표-2〉와 같이 네 가지의 형태로 구분할 수 있을
것이다.

〈표-2〉 유·무선인터넷 서비스 관련 서비스의 종류

서비스 종류	단말기 형태
모바일인터넷 서비스	이동전화(통신기기)
이동컴퓨팅 서비스	소형 PC나 PDA(정보기기)
무선데이터통신 서비스	양 방향 호출기, TRS기기 데이터통신기기
무선인터넷접속 서비스	노트북(정보기기)

* 출처: 한국전자통신연구원(2000), p.16 재구성.

이에 본 연구에서는 일반적으로 사용되고 있는 무선인터넷의
개념 대신 이동전화의 휴대성과 이동성을 강조하는 의미에서의
'모바일인터넷'이라는 개념을 사용하고자 한다. 본 연구에서 정의
하는 모바일인터넷이라 함은 "개인의 이동전화나 PDA를 이용하
여 무선환경에서 인터넷을 비롯한 다양한 데이터, 음성, 영상 정보

등을 송·수신할 수 있는 서비스"라 할 수 있다.

(2) 모바일인터넷의 특성

정보통신기술의 발전은 인류의 삶에 지대한 변화를 일으켰다. 개인용 PC의 발전과 폭발적인 보급, 그리고 인터넷의 보급 및 확산은 이러한 변화의 축을 이루고 있는 것이다. 호출기로부터 시작하여 셀룰러 핸드폰(celluar-handphone), 개인 휴대전화기(PCS)를 거쳐 조만간 상용화될 IMT-2000 기반의 이동통신까지 최근 몇년 사이에 이동통신 환경은 엄청난 속도로 발전하고 있는 것이다. 이와 더불어 무선단말기의 발전과 함께 단말기를 통해 욕구를 충족시킬 수 있는 부가서비스에 대한 모색도 활발히 진행되고 있다.

이러한 인터넷의 광범위한 보급과 이동통신 기술의 발전은 무선단말기를 단순한 통신수단을 넘어 언제 어디서나 인터넷에 접근할 수 있는 수단으로 이용되고 있다. 즉 이용자는 네트워크에 접속을 유지하면서 원하는 장소로의 자유로운 이동이 가능하게 된 것이다. 기존의 유선인터넷의 단점, 혹은 취약한 부분을 모바일인터넷이 언제 어디서나 인터넷에 접속하여 다양한 정보검색과 전자상거래 등의 서비스를 이용자에게 제공하게 되었다.

모바일인터넷을 유선인터넷과 비교할 때 다음과 같은 특징이 있다.

다음의 〈표-3-3〉에서 보는 바와 같이, 모바일인터넷 역시 '인터넷'의 범주에 속하지만 우리가 일반적으로 유선환경에서 사용하는 유선인터넷과 그 성격과 형태가 상이하다. 유선인터넷 서비스와 비교하여 모바일인터넷이 안고 있는 취약점은 전송속도와 화면크기,

통신 에러율, 프로토콜의 표준화, 콘텐츠 제작형태, 저장용량 등이 있다. 예컨대 데이터 전송속도는 2001년 현재 유선인터넷의 초고속 데이터서비스가 T3급이 45Mbpsdlsep에 반해 모바일상에서는 IS-95B망 서비스에서도 64kbps에 불과하다.(하태정, 2001, p.5)

또한 디스플레이 및 입력장치의 경우에도 유선인터넷 환경은 대형화면(17-21인치)에 640×480 픽셀, 그리고 편리한 인터페이스를 가지고 있는 반면, 모바일인터넷의 환경은 작은 화면(2-8인치)과 4×16 픽셀, 그리고 불편한 keypad를 가지고 있다. 그리고 유선 인터넷 접속을 위한 콘텐츠는 TCP/IP 프로토콜을 사용한 HTML로 세계적으로 표준화되어 있으나, 모바일인터넷에서는 TCP/IP와 WAP, ME, i-mode 프로토콜을 사용한 WML, m-HTML, c-HTML 등으로 표준화가 되어 있지 않은 상태에 있어 많은 문제점을 안고 있는 실정이다. 따라서 정보의 전송속도나 안정성, 확장성 등에 있어서는 유선인터넷이 월등히 우위를 보이고 있지만 모바일인터넷은 휴대성과 이동성이 장점으로 제시된다. 나아가 네트워크가 가지고 있는 개방성, 양 방향성 등의 속성과 이동통신의 이동성, 휴대성, 개인화 등의 속성을 동시에 지니고 있는 것이다.

한편, 비즈니스적인 측면에서의 비교를 살펴볼 때, 유선인터넷의 경우 적극적인 판매의 형식을 취하는 것이 아니고 고객이 직접 찾아오는 정적인 서비스 기업의 홍보 방식인 반면, 모바일인터넷의 경우 기업이 고객을 직접 찾아가는 서비스를 강조하고 있다. 이에 다양한 기업의 홍보 방식을 이용할 수 있는 것이다. 이러한 관점에서 봤을 때, 유선인터넷은 멀티미디어를 포함한 다양한 정보를 제공할 수 있으며, 대표적인 사업 분야로는 금융, 유통을 포함한 광범위한 전자상거래, 뉴스, 영상, 동호회 등의 콘텐츠를 제공할 수 있다. 반면, 모바일인터넷의 경우 텍스트 기반의 간단한 정보제공에 불과하기에 이동성과 휴대성에 적합한 예약, 금융, 영업, 속보제공, 위치 및 시간기반 정보서비스, 오락 등의 콘텐츠 위주로 그 사업 영역이 전개되고 있는 실정이다.

인터넷의 대중화로 세상이 변화를 거듭하고 있는 가운데 언제 어디서나 편리한 인터넷 접속이라는 특성으로 모바일인터넷 시장이 전 세계적으로 확산과 성장을 계속하고 있다. 인터넷이 산업과 접목되기 시작한 지 불과 몇 년 만에 거의 모든 산업에서 패러다임의 변화를 일으키고 있다. 이처럼 급속하게 확산되고 있는 인터넷과 고도로 발전하고 있는 이동통신 기술의 결합은 시간과 공간의 한계를 넘어서 유선인터넷보다 파급효과가 더 큰 모바일인터넷 세상을 만들어 가고 있다. 모바일인터넷은 무선으로 때와 장소를 가리지 않고 정보의 바다인 인터넷을 항해할 수 있다는 것으로, 이동통신 사업자들이 인터넷 접속환경을 제공하면서 일상생활 어디서나 이동전화 단말기 하나면 인터넷에 접속할 수 있게 되었다. 이처럼 모바일인터넷의 핵심은 단순히 선이 없다는 의미가 아니라 이동 중이라도 언제 어디서나 인터넷에 접속이 가능하다는 것이다. 따라서 모바일인터넷은 유선인터넷과의 뚜렷한 차이가 있으며 이러한 차이로 인하여 모바일인터넷의 확산이 가속되는 것이다.

이에 Durlacher(2000)는 모바일인터넷 서비스의 차별화된 특성을 다음과 같이 정리하고 있다. 첫째, 모바일인터넷은 이용자가 어디에 있든지 실시간으로 정보를 검색하고 통신할 수 있도록 지원하기 때문에 편재성(Ubiquity)을 가진다. 둘째, 모바일인터넷은 언제 어디서나 사람과 사람 간의 통신을 가능하게 해 주고 원할 경우 특정 인물이나 시간대에만 접근이 가능하도록 제한할 수도 있는 접근성(Reach ability)을 가진다. 셋째, 모바일인터넷은 폐쇄적인 end-to-end 시스템 내에서 SSL(Secure Socket Layer) 형태의 보안기술을 가지기 시작하며 대부분의 경우 여러 사람에 의한 공유가 아닌 개인 사용환경을 가지고 물리적인 보안환경을 가지기 때문에 수준 높은 보안이 가능하다. 넷째, 모바일인터넷은 단말기를 통해 인터넷에 즉시 접속하는 것을 가능하게 해 주고 있으며 패킷 방식의 서비스가 도입되면 사전의 통신연결도 필요 없이 즉각적인 연결을 제공해 주는 즉시 연결성(Instant connectivity)을 제공한다. 다섯째, 모바일인터넷은 이동전화와 일반 유선전화의 가장 큰 차이인 개인화된 사용 양상을 보이기 때문에 정보검색 등과 같은 높은 수준의 개인화(Personalization) 특성을 가진다. 여섯째, 모바일인터넷은 간단한 통신도구로 인터넷에 접속할 수 있어 이용자들에게 편의성(Convenience)을 제공한다. 마지막으로, 모바일인터넷은 특정 시점에 이용자의 현 위치가 어디인지 분명하게 보여줄 수 있는 위치기반성(Localization)을 가진다.

결국 모바일인터넷은 유선인터넷에 비해 내재적으로 가지고 있는 이용환경상의 특징들은 항시이용가능성, 편의성, 개인화, 위치기반성 등으로 요약될 수 있다.

한편, ≪Economist≫紙(2001)에 따르면 모바일인터넷은 이동통신 사업자가 이용자의 신원 및 위치정보를 보유하고 있고 이용자의 포털을 설정하고 서비스에 대해 과금할 수 있다는 점 때문에 이용자의 인터넷에 대한 통제권이 강하다는 점에서 유선인터넷과 차별적인 특성을 가진다고 말한다. 보다 세부적으로 살펴보면, 모바일인터넷 접속 수단인 이동전화는 유선인터넷 서비스를 제공하는

PC보다 개인 밀착적인 특성을 나타내며, 이동통신 사업자가 서비스 제공에 있어서의 주도권 및 결정권을 가지고 있다는 점, 이용자의 사용에 따라 과금이 가능하다는 점이 유선인터넷 서비스와 차별화된 특성으로 제기되고 있다.

이러한 내용을 종합해 보면, 모바일인터넷의 사용은 오히려 인터넷의 특성보다는 이동통신의 사용환경의 장점을 기반으로 하고 있음을 알 수 있다. 이에 인터넷 패러다임의 연속선상에서 모바일인터넷을 보기보다는 이동통신의 연속선상에서 모바일인터넷을 분석하는 것이 타당할 것이다.

2) 모바일인터넷 서비스의 종류와 콘텐츠의 분류

(1) 모바일인터넷 서비스의 특징 및 유형

데이터통신이 가능한 무선망은 1990년대에 제1세대인 아날로그 시스템을 이용한 CDPD(Cellular Digital Packet Data)망을 비롯하여, 2세대인 디지털망에서의 회선모드 전송과 패킷모드 전송을 이용한 저속 데이터통신이 이용되었고, 3세대인 IMT-2000에서는 패킷모드 전송 방식이 주류를 이루면서 고속전송의 시대가 열리고 있다.(김충남, 2003, p.80) 이러한 변화와 함께 모바일인터넷의 서비스도 다양하고 폭넓은 각양각색의 서비스가 등장하고 있다. 하지만 무선단말기를 통한 인터넷의 접근은 시공간을 초월한 정보 접근의 가능성을 제시하지만 단말기 자체의 제한과 무선망의 성능상의 제한으로 인해 기존의 유선인터넷 서비스와 같이 멀티미디어를 포함한 다양한 형태의 서비스 제공이 모바일인터넷에서는 어려운 실정이다. 이에 모바일인터넷의 기본적인 특성인 이동성과 휴대성에 적합한 서비스를 모바일인터넷 서비스에서 이용되고 있는 것이다.

이에 모바일인터넷 서비스에서 이용자에게 제공되는 서비스의 특징은 다음과 같이 크게 세 가지로 구분할 수 있다.(무선인터넷 백서편찬위원회, 2001; 소프트뱅크정보시대, 2000, p.43)

첫째, E-Mail, Fax 등을 포함하는 일반적인 개인정보 관리 및 통신서비스를 들 수 있다. 이 분야의 서비스는 유럽, 일본, 미국 등에서 이미 대단히 중요한 서비스로 부각되고 있다. 이동통신 서비스 제공자는 중앙에서 이용자의 개인정보 데이터베이스를 관리하여 데이터의 무결성과 동기성을 보장한다. 즉, 업무상 필요한 사람들의 주소록과 개인정보를 이동통신 서비스 제공자가 관리하는 것이며, 개인정보 데이터베이스를 중앙에서 집중 관리하게 됨에 따라 이용자의 이탈방지 및 매출 증대를 유발하게 된다.

둘째, 문자정보서비스를 들 수 있다. 간단한 예로, 교통, 여행, 뉴스, 기상, 연예 등의 정보제공 서비스와 단말기 상호간의 문자통신서비스를 들 수 있다. 음성통신이 아닌 무선데이터를 가지고 새로운 수익의 원천을 창출하고자 하는 이동통신 서비스 제공자에게 있어서는 이 부분은 중요하며, 대부분의 이동통신 서비스 제공자는 이 부분을 강화하고 있는 실정이다. 현재 웹에서 이용 가능한 다양한 종류의 콘텐츠를 무선망에서도 이용할 수 있게 되며, 특히 단말기 상호간의 인사말 교환, 동호인 그룹 간의 단말기 전송 등이 많은 이용자에게 좋은 반응을 불러일으키고 있다.

셋째, 모바일인터넷의 정수라고 할 수 있는 전자상거래 부분이다. 이동통신 서비스의 이동성을 이용하여 언제, 어디서나, 누구에게나 전자상거래를 할 수 있는 수단을 제공한다. 이 분야의 서비스는 주가정보의 제공, 주식거래, 은행 잔고의 조회 및 예금이체, 전자지갑 등을 포함한다. 전 세계적으로 모바일을 이용한 모바일 뱅킹 서비스와 무선 상거래가 확대되고 있는 추세이며, 이는 이동 전자상거래가 공간상의 제약을 극복하고 현대 사회의 급변하는 라이프스타일에 잘 부합되기 때문으로 분석되고 있다.

한편, 모바일인터넷 서비스 관련 업체에서는 이동성과 휴대성이라는 특성 아래 개인기반, 위치기반, 실시간기반, 음성기반, 통합화를 통한 서비스 등 단말기 및 네트워크 기술이 유선망과 비슷한 속도로 제공할 수 있는 기반 위에서 다음과 같은 기반 서비스를 동축으로 다양한 서비스의 제공이 가능하다. 이를 자세히 살펴보면 다음과 같다.

첫째, '개인 기반 서비스'를 들 수 있다. 개인의 일정관리, 북마크, 주소록 등 앞으로 각 개인에 맞는 맞춤정보가 가능한 것이다. 특히 무선단말기는 개인을 나타내는 표시이기 때문에 이는 온라인과 오프라인상에서의 상거래 수단으로 사용이 가능하다. 이미 핀란드의 경우 이동통신 소비자들은 자판기, 주차요금, 세차요금 등을 이동전화를 이용해 지불하기 시작하였다. 이러한 개인기반서비스를 위해서는 개인의 정보를 보호해 줄 수 있는 보안 시스템의 개발이 요구된다.

둘째, '위치 기반 서비스'를 들 수 있다. 모바일인터넷의 '이동성'이라는 특징을 이용한 소비자 위치기반 서비스는 이동통신 소비자가 자신의 위치와 관련된 콘텐츠나 정보를 제공받을 수 있는 서비스를 말한다. 이는 자신의 현재 위치에 대한 정보를 얻을 수 있는 것에서부터 이를 응용한 마케팅, 상거래행위, 프로모션, 엔터테인먼트와 결합한 각양각색의 서비스가 가능하다. 특히 특정 위치에 있는 사람들이 필요로 하는 지도정보나 주변의 물품 정보 등이 모바일인터넷을 통해 제공 가능한 것이다.

셋째, '실시간 기반 서비스'를 들 수 있다. 이동통신 기기를 통한 인터넷 접속이 시간과 공간의 제약을 받지 않기 때문에 모바일인터넷은 실시간 기반 서비스가 가능한 것이다. 즉, 이동 중에 인터넷 접속을 통한 능동적인 정보 접근이 가능하게 되어, 자신의 관심 분야에 관한 속보, 주식정보, 뉴스, 이메일, 증권 뉴스 등 다양한 정보에 접근할 수 있게 되었다. 국내에서는 이동전화를 이용한 열차시간표 확인 및 예약, 요금지불 등의 서비스를 시험 운행 중에 있으며, 각종 예매, 예약 등의 상품 판매가 모바일인터넷 서비스 초기 시장에서 많이 이용되고 있다.

넷째, '음성 기반 서비스'를 들 수 있다. 현재 무선단말기의 대부분은 스마트폰[20]이나 PDA가 아닌 다이얼패드 방식의 이동전화가 주류를 이루고 있다. 따라서 이용자가 받아들이는 정보는 한정되어 있다. 한정된 액정 화면에서 많은 양의 정보를 보여줄 수 없을 뿐 아니라 입력 방식에 있어서도 상당한 어려움이 있다. 이에 음

---

20) 이동전화와 PDA의 장점을 합친 것으로, 이동전화기에 일정 관리, 팩스 송수신 및 인터넷 접속 등의 데이터통신기능을 통합시킨 것이다. 인터넷 정보검색은 물론 액정디스플레이에 전자펜으로 문자를 입력하거나 약도 등 그림 정보를 송·수신할 수 있다. 우리나라에서는 LG정보통신과 삼성전자가 CDMA(코드분할다중접속) 방식의 디지털 이동전화에 초소형 컴퓨터를 결합한 스마트폰을 개발하였다. 이것은 이동전화로 사용하는 외에 휴대형 컴퓨터로도 사용할 수 있고, 이동 중에 무선으로 인터넷 및 PC통신, 팩스 전송 등을 할 수 있는 것이다. 스마트폰은 아날로그 방식, 유럽의 GSM 방식, 일본의 PHS 방식으로 무선통신을 할 수 있도록 개발된 적은 있으나 CDMA 방식으로 개발된 것은 이것이 처음이다.

성 기반 서비스 또한 다른 콘텐츠들을 음성으로 읽어 주거나 또
는 입력 방식에 있어서도 음성 인식을 통한 입력 방법이 주목을
받을 수 있다.

마지막으로, '통합화를 통한 서비스'를 들 수 있다. 유선인터넷
이 폭발적으로 발전한 것처럼 모바일인터넷도 이동통신뿐만 아니
라, 유선인터넷과 결합하여 여러 가지의 다양한 솔루션과 정보를
제공할 수 있다. 이러한 서비스 사례는 모바일 오피스(Mobile
Office)의 탄생과 더불어 정보가전기기들과의 결합을 통한 다양한
서비스가 가능할 것이다. 모바일 오피스는 외부에서 무선단말기를
통해 회사의 인트라넷에 접속하여 업무를 진행해 나갈 수 있도록
지원하는 서비스를 말한다. 이는 전통적 의미에서의 사무실을 벗
어나 언제 어디서나 회사업무를 처리할 수 있는 환경으로, 모바일
인터넷 서비스의 발전을 통해 이러한 새로운 업무 방식의 확산이
가속화되고 있는 실정이다. 또한 정보가전의 경우 가전기기들과
이동전화 사이의 커뮤니케이션을 지원함으로써 가전기기의 원격
제어가 가능하게 된다.

이러한 모바일인터넷 서비스를 이용자들이 이용하기 위해서는
이동통신 단말기에 WAP(Wireless Application Protocol) 또는
ME(Microsoft Explorer)[21] 브라우저 소프트웨어가 실행된 상태에

---

21) WAP(Wireless Application Protocol)는 무선데이터 이용자들이 쉽고 간
   편하게 인터넷에 접속할 수 있도록 고안된 표준규격으로서 인터넷의 정
   보를 빠르게 검색 및 표시할 수 있도록 인터넷망과 이동전화망 사이에
   게이트웨이를 설치하여 서비스한다. WAP는 통신 프로토콜을 사용하기
   때문에 HTTP, TCP 등 기존 인터넷 표준 프로토콜인 HTML과 WAP
   전용 프로토콜인 WML로 변환하기 위해 게이트웨이가 반드시 필요하
   다. 그리고 ME(Mobile Explorer)는 마이크로소프트사가 무선단말기를
   통해 유선인터넷을 접속하기 위해 만든 접속 프로토콜이다. ME는 소형

서 유선인터넷 접속을 통한 다양한 서비스를 제공받는다. 그리고 무선망의 진화는 매우 빠른 속도로 진행되고 있으며, 이러한 무선망을 바탕으로 모바일인터넷 접속을 통한 서비스는 멀티미디어화된 서비스가 속속 등장하고 있다. 나아가 모바일인터넷 서비스는 시간과 공간을 초월한 접근으로 '이동성'과 '휴대성'에 적합한 서비스를 제공하고 있다.

그리고 모바일인터넷의 서비스 종류는 다음의 〈표-4〉에서 나타나

기기 브라우저로 이동전화에 중심을 둔 WAP와는 달리 다양한 데이터 기기를 지원하기 위해 개발되었다. ME에서는 WAP 게이트웨이가 할 일을 무선단말기 내의 브라우저가 처리한다. 단말기 내부적으로는 기존의 HTTP 방식과 호환이 되도록 하고 있으며, HTML을 축약한 m-HTML(mobile-HTML)을 사용한다. 한편, 국내의 무선 인프라는 세계적인 수준으로 ME에서는 64Kbps의 속도를 지원하고 있어 WAP에서 기준으로 한 9.6Kbps보다 한발 앞서가고 있다. 다음의 〈표-3〉은 WAP과 ME의 기술적인 비교를 나타낸 것이다.

〈표-3〉 WAP과 ME의 기술 비교

구 분	WAP	ME
공개성	Forum을 통한 표준화	마이크로소프트에 대한 의존적인 진화
콘텐츠 및 서비스 개발 용이성	WAP의 이해 및 WML의 습득 필요	별도의 지식 불필요
Network 호환성	별도의 WAP 게이트웨이 및 부가장치	기존의 웹 서버 및 부가장비
콘텐츠 호환성	별도의 콘텐츠 제작 필요	이미지, 동영상, Plug-in 등의 발전을 통한 가능성
망사업자의 요구 반용 용이성	게이트웨이 자체의 기능 변경이 요구됨	프록시를 통한 모듈화와 개방성의 확대
미래지향성	User Interface의 개선을 통한 사용성 증대 모색	-User Interface의 개선을 통한 사용성 증대 모색 -WAP 콘텐츠 및 프로토콜 동시 지원

* 출처: 김충남(2003), p.350.

는 것같이 정보제공서비스(Information Service), 대화형 서비스
(Communication Service), 엔터테인먼트 서비스(Entertainment
Service), 이동 전자상거래 서비스(Mobile Commerce Service), 이동
위치기반 서비스(Mobile Position Service), 텔레메터리 서비스
(Telemetry Service) 등이 있으며, 이동전자상거래 서비스는 WAP
또는 ME 등을 통한 인증과정을 거쳐 서비스가 이루어진다.(김충남,
2003, pp.82-83)

<표-4> 모바일인터넷 서비스의 종류

구 분	서비스 형태
정보제공 서비스 (Information)	MMS(Multimedia Messaging Service), 모바일 방송서비스, E-mail, 주식정보, 교통정보, 뉴스, 기상정보 등
대화형 서비스 (Communication)	채팅, 미팅, VOD, 화상전화, 비디오 메시지 등
엔터테인먼트 서비스 (Entertainment)	캐릭터 및 벨소리 다운로드, 게임 다운로드, 노래방, 네트워크 게임 등
이동 전자상거래 서비스(Mobile Commerce)	모바일 지불결제, 신용카드 무선결제, 주식거래, 예약, 복권, 은행조회 및 이체, 쇼핑 등
이동위치기반 서비스 (Mobile Position)	위치추적, 디지털 물류운반, 택시 콜 등
텔레미터리 서비스 (Telemetry)	전력량 원격검침, 자판기 원격검침, 무선 홈 시큐리티 등

* 출처: 김충남(2003), p.83.

먼저, 정보제공 서비스는 기존에 음성을 통해 제공되었던 서비
스를 문자로 제공하는 것을 말한다. 이는 별도의 인프라 추가 없
이 기존의 CDMA망을 이용하여 간단한 문자정보를 단방향, 혹은
양 방향으로 제공하며, 인터넷 서비스 중 E-mail 착신통보 및 답
신 기능을 제공한다. 이러한 형태의 서비스로는 MMS(Multimedia

Messaging Service).22) 모바일 방송 서비스.23) E-mail, 주식정보, 교통정보, 뉴스, 기상정보 등이 제공된다.

대화형 서비스는 크게 음성대화형과 화상(영상)대화형으로 나눌 수 있으며, 음성대화형 서비스는 전혀 모르는 사람과의 이성, 취미, 특수집단 간의 연결을 자유롭게 하여 주는 것으로 음성통화의 영역을 확대하는 서비스이다. 그리고 화상(영상)대화형 서비스는 이동단말기 간 또는 이동단말기와 유선전화 간에 서로 상대방의 얼굴을 보면서 통화가 가능하도록 제공하는 서비스를 말한다. 이러한 형태의 서비스로는 채팅, 미팅, 화상전화, 미디어 메시지 등이 포함된다.

엔터테인먼트 서비스는 이동통신 시장에서 무선데이터 서비스를 통한 치열한 경쟁 속에서 막대한 비용을 들인 기술개발보다는 고객을 만족시킬 수 있는 다양한 서비스를 제공하는 일이 업체의

---

22) 멀티미디어 메시징 서비스는 단문메시지 서비스(SMS)와 E-mail이 융합된 기능으로 기존 SMS의 데이터 크기 및 미디어 한계를 극복한 텍스트 이외에 이미지, 사운드 등 다양한 멀티미디어 데이터를 전송할 수 있는 서비스를 말한다. 우리나라의 경우 SK텔레콤은 2002년 하반기부터 사진은 물론 동영상, 음악, 벨소리 등을 통합한 하나의 기본 메뉴로 이용자에게 제공되고 있다. 그리고 KTF는 '매직엔 멀티메시지'라는 이름으로 2002년 5월부터 서비스를 시작했다. 특히 MMS 기능이 없는 단말기 이용자들을 위해 모바일인터넷에 접속해서 메시지를 확인하도록 하는 기능을 지원하고 있다. LG텔레콤은 2002년 7월부터 '컬러메일'이란 브랜드로 서비스를 시작하였다.

23) 모바일 방송 서비스(Mobile Broadcasting Service)란 이동전화기에 특정 수신 ID를 입력시켜 기지국에서 일방적으로 송출하면 주위에 있던 이동전화기는 데이터를 수신하는 서비스를 말한다. 즉 CBS(Cellular Broadcasting Service) 방식을 이용해 실시간으로 정보를 가입자에게 제공하는 서비스로, 동일 기지국 내의 셀 커버리지 안에 있는 모든 이동전화 단말기는 동시에 동일한 데이터를 수신할 수 있다.

생사를 가름하는 중요한 요인으로 작용하는 상황에서, 고객의 만족을 극대화시킬 수 있는 솔루션으로 자리매김하고 있다. 디지털 시대를 살아가는 현대인들은 일과 저축보다는 '여가'와 '오락'에 더욱 많은 관심을 보이기 시작했으며, 이러 성향은 앞으로 더욱 심화될 것으로 보인다. 이에 엔터테인먼트 서비스의 보다 다양하고 유익한 콘텐츠의 제공이 요구되고 있다. 이러한 형태에 속하는 서비스 유형으로는 캐릭터 및 벨소리 다운로드, 게임 다운로드, 노래방, 네트워크 게임 등이 포함된다.

이동 전자상거래 서비스는 모바일인터넷에서 가장 주목받는 분야로, 언제 어디서나 누구에게나 전자상거래를 할 수 있는 수단을 이동통신 단말기 소유자에게 제공한다. 이동 전자상거래 서비스에는 주식거래, 은행잔고조회 및 예금이체, 모바일 지불결제 서비스, 신용카드 무선결제 서비스 등이 있으며, IMT-2000 서비스 도입에 따른 무선데이터통신의 활성화로 초고속의 성장을 예견할 수 있다.[24]

위치기반 서비스는 이동통신을 기반으로 하는 가입자의 이동위치를 추적 및 확인하여 이에 따른 각종 서비스를 제공하게 된다. 위치기반 서비스의 위치추적 방식은 GPS(Global Positioning System)[25] 위성에서 수신된 정보로 위치추적을 위한 보조적인 기

---

24) 우리나라에서는 K-merce라는 새로운 통합 브랜드로 서비스하고 있는데, 이는 국내 최초의 유무선 전자상거래 서비스이다. KTF에서 만든 이 용어는 Korea와 Commerce의 합성어로, 2002년 4월 20일에 서비스를 시작하였다. K-merce는 기존 무선 매직엔 안에 일부로 자리잡고 있던 증권, 금융, 뱅킹, 티켓 예매 등의 전자상거래 서비스 영역을 모바일 인터넷 분야의 새로운 핵심 사업으로 활성화시키기 위하여 탄생하게 되었다.
25) GPS(Global Positioning System)는 위성을 이용하는 위치측정 시스템으로 다른 위치측정 시스템에 비해 정확도가 매우 높을 뿐만 아니라 사

능을 수행한다.[26] 그리고 디지털 물류운반 서비스란 GPS기반의 차량 위치추적으로 물류운반 데이터베이스 구축의 온라인 지원과 차량회전율 향상을 통한 경비 및 비용 절감의 효과를 실현할 수 있는 서비스를 말한다. 이 서비스는 차량에 이동전화와 GPS 수신기를 장착하여 차량의 위치를 SMS망을 통해 관제센터로 송신하고, 관제센터에서 차량에 필요한 정보를 SMS망을 통해 전송하는 서비스이다.

마지막으로 무선 텔레미터리 서비스에는 무선 홈 안전관리, 전력량 원격검침, 자판기 원격검침 등이 있는데, 무선 홈 안전관리 서비스란 가입자의 주택 또는 사업장에 단말기 및 센서를 설치한 후 중앙관제센터에서 24시간 철저하게 그 신호를 관찰하여 부재중일 때에는 물론 사업장 내에 있을 때에도 항상 침입범죄 및 위험상황으로

용료를 부담할 필요가 없으며, GPS 수신기만 있으면 누구나 이 시스템을 이용하여 자신의 위치를 정확하게 찾아낼 수 있는 첨단 통신서비스의 한 분야이다.

26) 이러한 위치추적 서비스에는 다음의 〈표-5〉와 같이 GPS를 이용한 추적(tracking)과 기지국의 커버리지 셀(cell) 반경을 이용한 추적으로 구분할 수 있다.

〈표-5〉 위치추적 방식 및 서비스 대상

구 분	GPS 추적	Cell 추적
Device	이동전화+GPS 내장	이동전화+소프트웨어 내장
위치반경	10-50m 내외	도시: 500m-1Km 지방: 2-5Km
방법	GPS 위성 이용	기지국 반경 이용
서비스 대상	카 네비게이션 시스템, 택시 호출, 배차, 영업, 물류 등	보험사 보상업무, 안전관리 업무, 지역정보
장점	위치정보의 정확성	이동전화만으로 서비스 가능
단점	고가의 서비스	오차 반경이 큼

* 출처: 김충남(2003), p.128 재구성.

부터 고객을 보호해 주는 21세기 최첨단 안전관리 시스템이다.(이정
환, 2001, pp.309-312) 그리고 원격검침(Telemetary)이란 수도, 전
기, 가스, 환경 등 각종 유틸리티의 단위 시간당 사용량 측정을 위해
기존 검침원의 현장 방문을 통한 실측 방식이 아닌, 검침용 계량기
로부터 특정 통신매체를 이용하여 중앙관제소의 검침센터에서 컴퓨
터로 자동 검침하고 이를 모니터링하여 통합, 관리 및 고지시스템과
연동하여 요금 계산 및 고지서 발부까지 완전 자동으로 처리하는 솔
루션을 말한다.(KTF, 2001, pp.42-48)

이러한 모바일인터넷 서비스의 발전은 1998년 단말기의 SMS를
통한 기본적인 메시지 기능을 수행하기 시작하면서, 1999년에는
SIM(Subscriber Indetification Module: 가입자 인증모듈)[27] Tool
kit를 통하여 개인화된 정보와 예약을 통한 메시지의 전달이 가능
해졌다. 그리고 2000-2001년에는 단말기에서 유선인터넷을 연결하
기 위한 프로토콜인 WAP 또는 ME의 사용으로 상거래, 광고, 티
켓 예약, 모바일 뱅킹이 초기 단계로 사용 중에 있으며, 2002-2003
년에는 미들웨어 플랫폼(Java, BREW)의 도입에 따른 중·고속의
데이터 전송속도로 다운로드에 의한 오프라인상의 게임, MP3 음

---

27) SIM는 Subscriber Indetification Module의 약자로 우리나라에서는 '가
　입자 인증모듈'이라 칭하고 있다. 보통 이동통신 단말기 뒤에 들어가는
　슬롯이 있고, 이에 끼워 넣는 작은 카드를 칭하는 말인데, 국내에서 쓰
　는 CDMA 방식에는 도입이 되지 않았으나 중국의 차이나유니콤이
　CDMA에 SIM카드가 들어간 단말기를 선보이고 있다. SIM카드는 보안
　성이 더 뛰어나서 전자상거래 등에서 그 효용성을 높게 평가받고 있다.
　이용자는 이 카드에 일정 금액을 기입하고 통화를 할 때마다 요금이 삭
　감되는데, 미리 정해 놓은 금액을 다 사용하면 추가로 서비스를 신청,
　재충전해 사용할 수 있다. 유럽에서는 이 카드가 이미 프리페이 카드로
　실용화되어 있어 단말기 임대를 통해 어디서나 이동전화 서비스가 가능
　하다: http://www.tta.or.kr/StdInfo/jnal/jnal83/pdf/7-2.PDF

악 등이 활성화되고 있는 추세이다. 나아가 2004년 이후에는 데이터 압축 기술의 발전에 따라 동영상과 관련된 서비스가 활발할 것으로 예측된다.

(2) 모바일인터넷 콘텐츠의 분류

모바일인터넷은 유선인터넷과 이동통신망의 결합으로 이용자는 언제 어디서나 이동전화를 이용하여 유선인터넷망에 접속하여 다양한 콘텐츠에 접속하여 서비스를 이용할 수 있다. 이제 이동전화는 단순한 음성전달매체에 그치지 않고 이동성과 휴대성이라는 장점을 활용하여 각종 콘텐츠를 이용할 수 있어 이른바 모바일 콘텐츠라 불리는 모바일인터넷 콘텐츠 시장이 본격적으로 형성되고 있다.

여기서 말하는 콘텐츠(contents)란 일반적으로, "극장이나 비디오로 감상하는 영화, 텔레비전에서 방송되는 프로그램, 서점에 진열된 각종 잡지와 도서, 다양한 신문, CD와 라디오를 통해 듣는 음악, 컴퓨터 게임, 그리고 인터넷으로 유통되는 정보"라 알려져 있다.(콘텐츠비즈니스연구소, 2000, p.16) 하지만 정보통신 기술이 빠르게 발달하면서 각종 유무선 통신망을 통해 제공되는 디지털 정보나 그러한 내용물을 총칭하는 용어로 널리 쓰이게 되었다. 따라서 콘텐츠의 개념은 "유무선 전기 통신망에서 사용하기 위하여 문자·부호·음성·음향·이미지·영상 등을 디지털 방식으로 제작해 처리·유통하는 각종 정보 또는 그 내용물을 통틀어 이르는 개념"이라 할 수 있다.

한편, 심상민(2002)은 "미디어를 통해 표출될 수 있으며, 권리관

계를 주장할 수 있는 모든 종류의 원작"으로 콘텐츠를 정의하여 콘
텐츠에 대한 원작권 또는 인접 저작원에 대한 법적 측면을 강조하
고 있다.

그리고 인터넷 콘텐츠(internet contents)에 대한 정의는 "전 세
계가 하나의 네트워크로 연결되어 있는 인터넷망에서 제공되는 모
든 정보의 내용"으로 표현하고 있다. 이러한 광의의 콘텐츠 개념을
더 자세히 살펴보면, "인터넷망에서 제공되는 하드웨어, 소프트웨어
중 유무형의 가치 있는 모든 서비스로, 텍스트, 음악, 비디오, 각종
영상을 포함한 멀티미디어의 총집합체"로 표현될 수 있다.(김충남,
2003, p.305)

한편, 콘텐츠를 서비스의 측면에서 살펴보았을 때, "텍스트, 그
래픽/시뮬레이션, 동영상 등이 조화를 이룬 정보, 엔터테인먼트,
통신, 거래 서비스 모두를 통합한 개념"으로 이해할 수 있다.(송민
정, 2001, p.22) 이러한 모바일인터넷 콘텐츠는 크게 다음의 〈그림
-3-7〉과 같이 정보제공, 이용자 대상, 제공형식에 따라 분류할 수
있다.

먼저 정보대상에 따른 서비스는 모바일인터넷상의 모든 서비스
가 포함되며, 크게 인포메이션, 커뮤니케이션, 엔터테인먼트, 모바
일 커머스, 모바일 위치기반, 텔레미터리 서비스 콘텐츠 등을 들
수 있다. 인포메이션 콘텐츠는 현재 뉴스, 교통정보, 일기예보 등
을 제공하고 있으며, 향후에는 동영상 스포츠중계, 동영상 교통정
보, e-book, MMS 등으로 네트워크 전송속도의 고도화에 따른 추
가 개발이 활발하게 이루어질 것으로 전망된다. 그리고 커뮤니케
이션 콘텐츠는 화상전화, VOD, 비디오 메시지 등의 다양한 콘텐
츠로 구성되어 이용자 간의 실시간 동영상대화가 가능하게 된다.

또한 채팅과 게시판 서비스, 메일 서비스 등이 제공되어 이용자 간의 커뮤니케이션 기능을 담당하게 된다.(노베나 유타카, 2000, p.65)

엔터테인먼트 콘텐츠는 모바일인터넷에서 가장 많이 이용되는 것으로, 캐릭터 및 벨소로 다운로드와 게임 다운로드가 있으며, 엔터테인먼트의 핵심은 네트워크 게임으로 네트워크의 고도화에 따른 서비스가 가능하게 된다. 모바일 커머스 콘텐츠의 경우는 실시간 예매정보 및 주식거래, 은행관련 업무 등을 이용자가 언제 어디서나 이용할 수 있으며, 위치정보 콘텐츠는 이용자의 위치를 파악하여 원격차량 진단 및 지도검색 서비스, 탐색하고자 하는 인물에 대한 위치정보를 얻을 수 있다. 마지막으로 텔레미터리 콘텐츠는 사람이 직접 측정하지 않고 무선으로 측정하여 정보를 전송하는 원격제어 시스템, 원격검침 방법으로 향후에는 자동판매기 등 종합적인 운용자료를 관리하여 보다 나은 서비스 제공이 가능하게 된다.

다음으로 이용자 대상에 따른 분류에 대해 살펴보겠다. 콘텐츠의 이용자 대상에 따른 차별성을 통한 서비스 제공은 마케팅 차원에서도 매우 중요한 역할을 하게 되는데, 이러한 분류에는 대중적 콘텐츠, 여성용 콘텐츠, 13-18세용 콘텐츠, 그리고 성인용 콘텐츠로 구분할 수 있다.(김충남, 2003, pp.314-315) 대중적 콘텐츠는 이동단말기를 소유하고 있는 모든 연령이 제한 없이 이용할 수 있는 콘텐츠를 말하는 것으로, 엔터테인먼트 콘텐츠가 대부분이다. 여기에는 대중적인 인기를 얻고 있는 벨소리 및 캐릭터 다운로드를 통한 단말기의 초기화면과 벨소리의 특성을 개인 특성에 맞도록 활용하고 있는 추세이다. 한편 이동통신 가입자 중 30대 이상의 남성 가입자층이 일부 특수용도의 콘텐츠인 증권 및 금융 등 뱅킹 관련 콘텐츠, 성인 콘텐츠만을 이용하는 관계로 현재 서비스하고 있는 대부분의 엔터테인먼트 콘텐츠는 10대 및 여성용에 맞게 개발되고 있는 실정이다.

여성용 콘텐츠는 주 이용층인 20-30대 여성을 대상으로 이에 맞는 콘텐츠를 개발하고 있는데, 미용, 다이어트, 자녀교육, 여성의료정보, 패션정보, 연예정보, 애완견정보, 여성운세 등 모바일인터넷 가입자의 높은 증가율을 감안하여 신규 콘텐츠 개발 및 서비스가 급속히 증가하고 있다.

13-18세용 콘텐츠에는 이동통신 사업자가 10대용 통신서비스를 개발하여 단말기 제조업체와 공동으로 이 연령에 맞는 엔터테인먼트, 위치정보 등 특화된 콘텐츠를 서비스하고 있다. 이러한 연령대는 주로 초등학생부터 고교생까지이므로 학교생활, 입시정보, 친구사귀기, 만화, 애니메이션, 캐릭터, 신종 게임 분야 등 이들에게 관심을 끄는 콘텐츠로 구성되어 있다.

그리고 성인용 콘텐츠는 성인만을 위한 전용 콘텐츠로 개인의 아이디 확인을 통해 접근이 가능한 방식이다. 이러한 콘텐츠는 흥미 위주와 성에 관련된 다방면의 분야가 검토되고 있으며, 단순한 흥미와 호기심을 유발시키는 1차원적인 콘텐츠에서 벗어나 건강, 여행, 교육, 유머, 시사, 취업정보, 결혼정보 등 필요에 따라 한 번만 등록하고 주기적으로 정보를 제공받는 서비스의 개발이 필요한 실정이다. 또한 성에 관련된 콘텐츠는 국내의 각종 관련 법규에 준한 콘텐츠를 개발하여 건전한 성인문화를 창조하고, 개방적이고 사명감을 가지는 서비스가 된다면 가입자와 사업자가 상호 공생할 수 있는 사업 분야로 자리매김할 수 있을 것이다.

제공형식에 따른 콘텐츠 분류는 크게 콘텐츠를 어떻게 가공했느냐에 따른 측면과 콘텐츠를 이용하는 기기의 플랫폼을 어떤 방식을 사용하느냐에 따라서 분류할 수 있다. 단순 텍스트 콘텐츠는 가입자의 호출 서비스 및 SMS를 통한 기상정보, 증권정보, 뉴스 등 텍스트에 의한 기본 서비스를 제공하며, 최근 들어 퀴즈 게임류, 영화관 정보, 다이어트 정보, 소설, 유머 등이 제공되고 있다. 이러한 서비스는 CDMA IS-95A에서의 WAP 기반의 WML과 ME 기반의 m-HTML의 언어로 콘텐츠가 개발되었으며, 기본적으로 단말기에 이러한 소프트웨어가 내장되어 있어야 한다.

그리고 단순 그래픽 콘텐츠는 단말기의 종류에 따라 다양하게 사용되고 있다. 그래픽 관련 콘텐츠는 흑백에서 4Gray 단계를 거쳐 256 컬러시대에 진입하였기에 이러한 기술기반에 맞춘 콘텐츠가 지속적으로 개발되고 있으며 이에 대응하는 단말기 역시 새로운 모델명으로 출시를 거듭하고 있다. 이러한 단순 그래픽 지원의 콘텐츠는 CDMA IS-95A 기반에서 압축 및 전송기술을 지원하는 개발 및 서비스 제공이 가능한 콘텐츠를 말한다.

컬러 동영상 콘텐츠는 영화, 애니메이션, 플래시만화, 온라인 게임, 뮤직비디오, 컬러만화, 동영상 캐릭터 등이 있으며, 전송속도가 최대 144Kbps가 지원되어야 가능한 서비스이다. 그리고 이러한 데이터 전송속도는 VOD가 가능하므로 이동통신 사업자들은 이에 대응하는 서비스 개발에 심혈을 기울이고 있다.

3D(3차원; 3Dimension) 동영상 콘텐츠는 컬러폰이 시장에 보급되면서 이동전화 자체에 3D 이미지 지원 애플리케이션이 내장되어야만 가능한 서비스이다. 하지만 3D 동영상 서비스는 단말기 내에서 수천 가지의 컬러소스를 뿌려주는 방법으로 256컬러 이상을

지원하는 단말기만이 가능하다.(문형철, 2000, p.54) 이러한 3D 동영상 기술이 지원되면 각종의 동영상 멀티미디어 콘텐츠가 가상세계 내에서 콘텐츠를 즐길 수 있도록 구현되므로 콘텐츠 산업에 엄청난 변화를 예고할 수 있겠다.

모바일인터넷의 성공은 다양하고 고객 성향에 적합한 콘텐츠의 확보 여부에 좌우된다고 할 수 있을 정도로 그 중요성이 부각되고 있다. 즉, 모바일인터넷을 활성화할 수 있는 가장 강력한 수단이 풍부한 콘텐츠의 보급과 양질의 콘텐츠를 확보하는 것이다. 특히 모바일인터넷 분야가 전체 데이터 시장에서의 비중이 점점 더 커지고 있다는 점을 감안할 때 모바일인터넷 콘텐츠의 시장전망은 매우 밝을 것으로 기대된다.

제4장 분석방법

1. 주요 개념의 조작적 정의

1) 모바일인터넷

모바일인터넷(mobile internet)은 무선인터넷이라는 용어와 동일한 개념으로 사용되고 있다. 무선인터넷 혹은 모바일인터넷은 문자 그대로 "가입자가 유선이 아닌 무선을 통하여 데이터 등의 인터넷 서비스를 제공받는 것"이라 할 수 있다. 여기서 무선이라는 개념은 '이동(mobile)할 수 있다'는 의미와 '선이 없이(wireless) 통신한다'는 두 가지의 의미를 모두 포함하는 개념이다. 하지만 엄격한 의미에서 보았을 때, 모바일인터넷은 무선의 개념보다는 이동형 인터넷 서비스라고 정의되는 실정이다. 이에 본 연구에서는 무선인터넷이라는 개념보다 모바일인터넷이라는 용어를 채택하였다. 이는 노트북 PC와 같이 휴대성이 제한적인 매체보다는 휴대성과 이동성이 강조되는 이동전화를 중심으로 본 연구의 분석대상을 삼았기 때문이다. 따라서 본 연구에서 상정하는 모바일인터넷이라 하면, "개인의 이동전화나 PDA를 이용하여 무선환경에서 인터넷을 비롯한 다양한 데이터, 음성, 영상 정보 등을 송·수신할 수 있는 서비스"라 할 수 있다.

2) 유용성

유용성(usefulness)은 "신제품이 고객에게 전달해 주는 가치가 기존의 제품보다 우수하다고 인지되는 정도"를 말한다. 즉 신제품이 기존의 제품보다 성능이나 기능면에서 전달해 줄 수 없었던 가치를 고객에게 제공할 때 유용성이 높게 측정되며, 시장에서 빠르게 수용된다는 것이다.(Rogers, 1995, p.54) 그리고 Parthasarathy와 Bhattrcherjee(1997)는 기존의 정보 제공 수단들과 달리 다양한 자료를 제공하는 온라인 서비스의 유용성이 유료화에 영향을 미친다는 연구결과를 발표하였다. 또한 기업 내부의 시스템 수용과 관련한 Karahanna 등의 연구(1989)에 의하면, 새로운 시스템이 기존의 시스템보다 성능이나 기능면에서 뛰어날 때, 이용자들이 새로운 시스템을 쉽게 수용한다는 사실이 입증되었다. 따라서 정보기술 분야에 있어서 인지된 유용성은 이용자들이 기존의 시스템을 대체하거나 이용하는 데 있어서 중요한 요소로 생각되고 있다. 이에 본 연구에서의 유용성은 "모바일인터넷 기기 및 모바일 콘텐츠를 유료로 이용함에 있어 그 이용가치가 높다고 인식 혹은 인지함"을 의미한다.

3) 이용의 편리성

이용의 편리성(usability)은 "이용자가 시스템을 편하게 이용할 수 있는 정도"를 말한다.(Venkatesh, 2001, pp.71-102) 기존의 연구에 의하면, 이용이 편리한 정보시스템은 그렇지 않은 시스템보다 이용자들에 의해 이용되는 비율이 높다는 연구결과가 많이 제시되고 있다. 특히 Rogers는 이용자가 제품의 이용법을 습득하는

정도가 **빠를**수록 신제품이 시장에서 수용되는 속도가 **빠르**다는
사실을 지적한 바 있다. 그리고 Nielsen(1993)은 이용의 편리성을
높이는 것이 이용자로 하여금 시스템을 효과적으로 이용하도록
하는 것이라고 주장했으며, Ajzen(1991) 역시 이용자가 느끼는 제
품 이용의 어려운 정도가 실제로 어떤 서비스를 선택할지를 결정
하는 데 높은 상관관계가 있음을 지적한 바 있다.

모바일인터넷은 기존의 다른 매체에 비해 이용자들이 이용하는
데 많은 어려움을 가지고 있다. 따라서 모바일인터넷을 편리하게
이용할 수 있는 정도에 따라, 이용자가 모바일인터넷에 대해 느끼
는 가치의 정도에 차이가 있을 것이다. 이에 본 연구에서는 이용
의 편리성을 "모바일인터넷 및 콘텐츠의 이용에 대한 이용자들의
편안함과 편리함"으로 정의하고자 한다.

4) 시스템 품질

시스템 품질(system quality)은 "이용자가 안정적이고 효율적으
로 시스템을 이용할 수 있는 정도"를 말한다. 테크놀러지가 발전
함에 따라 시스템의 품질은 이용자로 하여금 서비스를 선택하는
중요한 요소로 작용하고 있다. Chin 등(1988)은 정보시스템 이용
자의 만족도를 측정하는 중요 요인으로 시스템의 품질이 중요하
다는 사실을 지적했다. 특히 그들은 시스템의 품질을 측정할 때,
시스템의 안정성과 속도가 중요한 하부 요소임을 제시하였다. 한
편, 모바일인터넷 현황조사에 따르면, 시스템의 네트워크 속도와
안정성 문제가 현재 사용자들의 중요한 문제점으로 지적되었으며,
모바일인터넷 이용자의 만족도를 감소시키는 요인으로 밝혀졌다.

따라서 모바일인터넷에 대한 시스템의 품질이 서비스 이용에 있어 중요한 영향을 미칠 수 있음을 알 수 있다. 이에 본 연구에서 설정한 시스템 품질이란 "안정성과 접속속도, 다운로드 속도 등 모바일인터넷에 접속함에 있어 이용자의 만족도를 충족시킬 수 있는 정도"를 말한다.

5) 사회·문화적 영향

사회·문화적 영향(social-cultual influence)은 "사회적인 관계 속에서 서로간의 행위에 의해 영향을 주고받는 정도"를 말한다. 이 요인은 제품의 구매와 정보시스템의 수용에 있어서 중요한 요인으로 작용하고 있다. Rogers에 의하면, 새로운 제품을 받아들이는 속도가 늦은 후기 수용자(Late Adopters)일수록 주변 사람들에 의해 많은 영향을 받는다는 사실을 제시하였다. 또한 잘 알지 못하는 제품을 구매할 때도 주변 사람의 영향을 많이 받는 것으로 나타났다. 이에 유선인터넷과 모바일인터넷의 발달로 인한 네트워크 사회로의 이동은 네트워크 외재성(Network Externality)을 유발시키고, 이로 인한 사회적인 영향이 시스템과 서비스를 선택하는 중요한 요인이 되고 있다. 따라서 모바일인터넷 이용자가 증가함에 따라 모바일인터넷 이용의 필요성이 증가하게 되고, 이로 인해 새로운 기술과 서비스를 제공하는 모바일인터넷을 이용하게 될 가능성이 높아질 것이다.

6) 적합성

적합성(compatibility)은 "이용자 자신의 개인적인 배경과 제공되는 서비스의 일치 정도"를 말한다. Rogers는 특히 신기술의 수용에 있어서 적합성을 강조하고 있다. 그에 의하면, 평소에 이용하던 제품과 유사한 특징을 많이 가질수록 이용자가 제품을 이용하기 쉽게 때문에 시장에서 빠르게 수용된다는 것이다. 따라서 이전 제품과 전혀 다른 새로운 방법으로 작동하거나 작동법을 쉽게 유추할 수 없는 제품의 경우 시장에서 쉽게 수용되기 힘들다. 한편, Parthasarathy와 Bhattrcherjee의 연구(1993)에 의하면 인터넷상에서 유료 온라인 서비스를 이용할 때, 자신의 배경지식이나 생활 방식이 중요한 요소로 작용하고 있음을 제시하였다.

모바일인터넷은 단말기 자체의 입출력이 불편하기 때문에 기존의 다른 제품에 비해 이용이 쉽지 않다. 또한 기존의 다른 매체는 주로 규정된 장소에서 이용된 반면, 모바일인터넷은 시간이나 장소에 별로 영향을 받지 않고 이용된다. 즉, 모바일인터넷은 제품이나 서비스가 기존 이용자의 개인적인 배경이나 가치와 다른 점을 많이 가지고 있다. 따라서 이용자의 가치와 경험이 현재 모바일인터넷 서비스에 어느 정도 반영되어 있는지에 따라 모바일인터넷의 가치를 두는 정도에 차이가 나타날 것이다.

7) 지각된 비용

지각된 비용(perceived cost)은 "이용자가 제품을 이용하기 위해 지불한 금전적인 비용과 정신적인 비용의 합"을 의미한다. 즉, 이용자가 제품의 품질이나 가치를 평가할 때 자신이 제품을 구입하기 위해 지불한 비용을 고려해 평가한다는 것이다. Garbarino와 Edell의 연구(1997)에 의하면 제품을 구입하는 데 있어서 지각된 비용이 과다하게 요구되면 지각된 가치뿐만 아니라 제품의 선택에 있어서 부정적인 영향을 미칠 수 있다고 지적하였다.

모바일인터넷의 경우, 다른 정보 기기들보다 이용자에게 더 많은 지각된 비용을 요구한다. 그 이유는 크게 두 가지로 나눌 수 있다. 하나는, 금전적인 비용문제로 우리나라의 경우 유선인터넷이나 텔레비전 서비스를 이용하는 데는 거의 비용이 들지 않지만, 모바일인터넷을 이용하기 위해서는 아직까지 많은 비용이 요구된다. 다른 하나는, 정신적인 비용이다. 모바일인터넷은 화면이 작기 때문에 보여줄 수 있는 정보의 양이 적다. 따라서 필요한 정보를 보기 위해서는 기존의 유선인터넷에서보다 더 많은 화면 탐색(Browsing)과정이 요구된다.

8) 즉시 접속성

즉시 접속성(instant connectivity)은 "시간이나 장소에 상관없이 인터넷에 접속해 정보를 찾을 수 있다는 것"을 말한다.(Crea-tivegood, 2000; Dey, 2001; Durlacher Research, 2000) 예를 들어 이용자가 이동 중일 때나 컴퓨터를 이용할 수 없는 외진 곳에서도 자신이 원하는 정보가 있을 경우 모바일인터넷에 접속함으로써 이를 해결할 수 있다는 것을 말한다. 이러한 장점은 기존의 어떠한 정보 매체도 제공해 주지 못한 모바일인터넷만의 특징이라고 할 수 있다.

따라서 모바일인터넷이 언제 어디에서나 인터넷을 이용할 수 있는 즉시 접속성은 이용자들이 '모바일인터넷'이라고 하는 서비스를 다른 서비스에 비해 좋게 평가하고 직접 이용하는 이유가 될 수 있다.

9) 유희성

유희성(playfulness)은 "개인이 모바일인터넷을 이용함으로써 느끼는 재미(즐거움)와 몰입의 정도"를 말한다.(Moon & Kim, 2001; 이경아, 2002) 유희성 측정항목 개발에 대한 기존 연구들을 살펴보면, Moon과 Kim은 Csikszentimihalyi 등의 연구(1977)를 바탕으로 컴퓨터와의 상호 작용에 대한 이용자 집중 정도, 상호 작용하는 동안 호기심의 정도, 재미와 흥미의 발견 등 2개의 카테고리로 구분하였고, Webster와 그의 동료들의 연구(1993), 그리고 Agarwal와 Prasad(1997)는 자발적 참여, 창의적, 즐거움, 유연성에 관한 항목으로 분류하여 측정하였다. 또한 인터넷의 이용과 관련한 연구들에 의하면, 인터넷은 업무 영역뿐만 아니라 개인의 여가활용이나 오락적인 성격을 강하게 띠고 있기 때문에 개인차원의 변수로서 '즐거움'이라는 변수의 영향이 많은 연구에서 고려되고 있다.

한편 Davis 등(1989)은 컴퓨터 이용에 관한 연구에서 지각된 재미/즐거움을 예측된 이용 성과와는 별개의 개념으로 '컴퓨터 이용이 즐거운 것으로 지각되는 정도'로 정의한 바 있으며, Ruth(200)는 '이용자와 컴퓨터 간의 상호 작용에서의 이용자 개인의 즐거움'으로 정의하였고, Moon & Kim에 의하면 즐거움이란 '개인의 경험으로부터 형성되는 내적인 믿음이나 동기의 충족 정도'로 정의하여 측정한 바 있다.

10) 인지된 가치

인지된 가치(perceived value)는 매우 포괄적이고 추상적인 개념으로 일반적으로 "이용자가 상품을 구매하거나 서비스를 이용할 때 얻을 수 있는 효익의 모든 것"으로 정의할 수 있다. 여기서 효익이란 상품이나 서비스를 이용할 때 이용자가 얻을 수 있는 이득에서 이용자가 필요한 상품이나 서비스를 얻기 위해 투입된 비용을 제외한 것으로 측정된다. 이에 본 연구에서는 인지된 가치를 "이용자가 모바일인터넷을 이용함으로써 얻는 효익성을 따져 자신에게 얼마나 필요한 혹은 중요한 매체라고 인지하고 있는지에 대한 가치평가"로 정의하여 측정할 것이다. 한편, 인지된 가치는 상품을 구매하거나 서비스를 이용하는 데 있어 행위의도에 직접적인 영향을 미친다. 즉, 이용자가 상품이나 서비스에 대한 인지된 가치가 높다면 행위의도에 유의한 영향을 미치며, 높지 않다면 유의한 영향을 미치지 않는다는 것이다.

11) 행위의도

행위의도(behavioral intention)가 실제 모바일인터넷의 이용에 영향을 미치는지는 실제적으로 연구되지 못하고 있다. 그 이유는 성과 데이터를 얻기 힘들 뿐만 아니라 어떠한 요인이 기업의 성과에 영향을 미치는지 알기 위해서는 장기적인 변화의 추이를 지켜보아야 하기 때문이다. 모바일인터넷에서도 유사한 문제로 실제 기업 성과와 이론적인 모델과의 연관 관계에 관한 연구가 거의 진행되지 않은 실정이다. 그러나 본 연구에서는 모바일인터넷에 대한 이용행위 측정을 위하여, 행위의도를 "모바일인터넷을 지속 적으로 이용할 이용의도"로 정의하여 실제 모바일인터넷 이용과 의 연관성과 상관관계를 규명할 것이다.

12) 추구충족

Palmgreen과 Rayburn은 그들의 연구(1997)에서 "특정 매체에 대한 충족기대를 추구충족(Gratification Sought: GS)"이라 설명 하였다. 이는 사람들은 매체에 대한 기대가치를 바탕으로 자신이 가지고 있는 다양한 욕구 중에서 특정한 욕구는 특정 매체를 이 용함으로써 충족하려 한다는 기본가정에서 출발한다. 이에 본 연 구에서도 이들의 연구에서 이용된 추구충족의 개념을 적용하여 모바일인터넷 콘텐츠에 대한 추구충족으로, "수용자들이 각 콘텐 츠를 이용하기 전에 얻고자 하는 충족"의 개념으로 사용하고자 한다.

13) 획득충족

Palmgreen과 Rayburn은 그들의 연구(1997)에서 "특정 매체의 이용에 따른 욕구충족의 지각을 획득충족(Gratification Obtained: GO)"이라 설명하였다. 즉 사람들은 실제로 특정 매체를 이용함으로써 욕구가 충족됨을 지각한다는 것이다. 이에 본 연구에서도 이들의 연구에서 사용된 획득충족의 개념을 적용하여 모바일인터넷 콘텐츠에 대한 획득충족으로, "수용자들이 각 콘텐츠의 노출 후에 얻었다고 인지된 충족"의 개념으로 사용하고자 한다.

2. 연구 설계

본 연구는 모바일인터넷 수용결정요인에 대한 중요 변수들을 추출하여 실제 모바일인터넷 사용과의 인과관계를 밝히고, 모바일인터넷의 수용결정요인과 모바일인터넷에 대한 기대, 그에 대한 충족 간의 연계성을 제시하고, 모바일인터넷에 대한 기대와 충족이 실제 모바일인터넷 사용에 미치는 영향관계를 측정하는 실증조사이다.

이 조사를 위해 기존 선행연구를 통해 얻은 결과를 토대로 모바일인터넷 수용과 관련한 측정변수들을 조작화하였으며, 조작화로 얻어진 실증 데이터에 모바일인터넷에 대한 추구충족, 모바일인터넷에 대한 획득충족 등의 제 현상을 측정하고자 하였다. 이를 위해 실증적인 방법으로 설문지에 의한 조사방법을 채택하였으며 이를 각 단계별로 설명하면 다음과 같다.

1) 사전조사

본 연구에서는 수용자들의 모바일인터넷에 대한 노출 정도 및 이용 행태, 그리고 모바일인터넷 이용에 대한 기대와 충족요인 등을 파악하기 위하여 중·고등학생(50명)과 중앙대학교 교양강좌(현대사회와 매스컴) 수강생들(80명), 중앙대학교 일반대학원 대학원생들(10명), 사회교육원의 수강생들(30명) 등 총 170명을 대상으로 모바일인터넷에 대한 전반적인 이용패턴과 이용 동기 및 모바일인터넷 이용에 대한 만족/불만족요인 등에 관해 조건 제시 없이 서술하도록 하였다.

조사는 2003년 5월 21일부터 6월 11일까지 약 20일에 걸쳐 실시되었으며, 총 162부를 수집하였다. 조사대상자들은 10대, 20대, 30대의 연령을 고루 망라하였으며, 최근 6개월 이내에 모바일인터넷에 한 번이라도 접속해 본 경험이 있는 사람들만을 선정하여 사전조사 대상으로 적합한 것으로 나타났다.

이 사전조사는 첫째, 수용자로부터 모바일인터넷에 대한 및 이용패턴 및 이용 동기 등에 관한 정보를 직접 수집하고, 둘째, 수용자들이 모바일인터넷에 대해 언급하는 구체적인 내용을 구함으로써 기존문헌 연구를 통해 채택된 변수들의 문제점을 발견하고, 채택하지 못한 중요 변수들을 찾아내는 데 그 목적이 있다.

그리고 본 연구에서의 사전조사 대상자가 학생(중, 고, 대, 대학원) 및 직장인, 주부 등 연령 및 학력, 직업적으로 다양한 분포를 이루고 있어 그들에게 수집한 내용을 설문구성 및 보완에 이용하였다.

2) 설문지 구성

본 연구에서 사용된 설문지는 연구모형을 상세히 검증할 수 있는 데이터를 수집하여 3단계에 걸쳐 개발되었다. 첫 번째 단계는, 정보기술수용모형과 기대가치이론을 토대로 한 기존의 국내·외 모바일인터넷에 관련한 문헌들에서 본 연구모형에 포함된 개념들을 추출하여 측정할 수 있는 설문항목들로 구성하였다. 두 번째 단계는 총 170명을 대상으로 사전조사를 실시하였다. 이와 함께 모바일인터넷 이용 경험이 1년 이상 되는 주요 조사대상자 20명을 대상으로 심층 면접 조사를 실시하여 설문지 구성 및 측정방법에 관한 다양한 의견을 수집하였다. 세 번째 단계는, 1, 2차의 설문 및 면접조사 결과를 토대로 본 연구모형을 보완 및 수정하고, 개념의 명료성을 위해 일부 설문문항을 교정하였으며, 설문의 기본 내용 및 포맷을 조정하여 타당성과 신뢰성을 저해할 가능성이 있는 항목들을 제거하였다.

이러한 3차에 걸친 예비검증을 통해 완성된 최종 설문지는 다음의 〈표-6〉과 같이 구성되었다.

<표-6> 설문지의 구성

구 분	분석 차원	분석요인	측정 문항 수
독 립 변 수	모바일인터넷의 수용결정요인	시스템 품질	5
		이용의 편리성	4
		유용성	5
		적합성	4
		유희성	7
		사회·문화적 영향	4
		즉시 접속성	2
		인지된 비용	2
		수용결정요인 전체 항목	34
	모바일인터넷에 대한 기대요인 (추구충족)	호기심 추구	6
		기분전환	8
		정보획득	6
		사회적 상호 작용	5
		이용의 편리성	6
		주식금융	2
		기타(요인분석에서 누락된 항목)	3
		기대요인 전체 항목	36
	모바일인터넷에 대한 충족요인 (획득충족)	기분전환/호기심추구	12
		이용의 편리성	6
		정보획득	6
		사회적 상호 작용	5
		주식금융	2
		기타(요인분석에서 누락된 항목)	1
		충족요인 전체 항목	32
종속 변수	모바일인터넷에 대한 가치평가(인지된 가치)		2
	모바일인터넷에 대한 지속적인 이용의도(행위의도)		2
모바일인터넷의 이용패턴			11
인구통계학적 특성			7
설문 전체 항목			124

앞의 <표-6>에서와 같이, 설문문항은 분석 차원에 따른 분석요인을 설정하고 각 분석요인을 밝히기 위한 측정변수별로 구성하였다.

독립변수인 '모바일인터넷 수용결정요인'을 밝히기 위한 항목은 총 34문항이며, '모바일인터넷에 대한 기대요인(추구충족)'과 '모바일인터넷에 대한 충족요인(획득충족)'을 밝히기 위한 항목은 각각 36문항과 32문항이었다.

그리고 종속변수 '모바일인터넷에 대한 가치평가(인지된 가치)' 및 '모바일인터넷에 대한 지속적인 이용의도(행위의도)'에 관한 항목은 각각 2문항씩 구성되었으며, '모바일인터넷의 이용패턴'에 관한 11문항과 수용자의 성별, 연령, 학력, 직업 등을 묻는 '인구통계학적 질문' 7문항이 설문에 포함되었다.

한편, 본 연구에서 사용된 설문지의 응답은 7점 리커트 척도(Likert Scale)를 사용하였다. 즉, 설문 응답에 대한 답변이 '전혀 그렇지 않다'의 경우는 1점, '매우 그렇다'의 경우는 7점을 주는 방식으로 처리하였다.

3) 조사진행 및 분석기법

본 연구는 최종적으로 3차의 예비검증을 거쳐서 수정·보완된 구조화된 설문지를 이용하였으며, 조사의 경험이 많은 훈련된 조사원을 선발하여 조사대상자를 직접 방문하는 일 대 일 면접 방법을 통해 자료를 수집하였다.

조사원은 매스커뮤니케이션을 전공하는 대학생 10명과 대학원생 5명으로 구성되었으며, 2차례의 교육과 연습면접을 거친 후 조사를 실시하였다. 조사원이 설문의 내용에 대한 설명을 충분히 한 후에 설문지를 작성하는 방식을 사용하여 설문에 대한 이해도와 응답 내용의 질을 높이고자 하였으며, 설문 작성 시간이 평균 20분 정도 소요되기 때문에 조사대상자들의 성의 있는 답변을 유도하기 위해 면접원들은 필요한 경우 전화 또는 방문접촉을 시도하여 조사대상자의 편리한 시간 및 장소에 의한 면접 약속을 받아낸 후 실제 조사를 실시하도록 하였다.

조사는 2003년 6월 30일부터 7월 29일까지 약 30일에 걸쳐 실시되었으며, 그 결과 총 350명의 조사대상자 중에서 325명에 대한 응답지가 수거되었고, 이 중에서 답변에 오류가 없는 307개의 응답지가 최종분석에 사용되었다. 그리고 본 연구는 설문 조사를 통해 얻은 자료를 분석하기 위하여 SPSS 11.0 통계 프로그램을 사용하였다.

먼저, 모바일인터넷 수용 결정에 영향을 미치는 변수들의 유형화에 따른 타당성 검증을 위해 요인분석(Factor Analysis)을 실시하고, 추출된 요인들은 크롬바흐 알파(Cronbach's alpha) 값을 통해 신뢰성을 검증하였다. 또한 요인분석을 통해 추출해 낸 요인들을 독립변수로 하여 '모바일인터넷에 대한 인지된 가치', '모바일인터넷 사용에 대한 행위의도' 등 실제 모바일인터넷 이용에 미치는 영향 관계를 다중회귀분석(Multiple Regression Analysis)[28]을 통해 검증하였다. 한편, 추구충족과 획득충족에 관한 설문 항목들을 유형화하기 위하여 요인분석을 실시하고, 추출된 요인들과 모바일인터넷 수용 결정에 영향을 미치는 변수들과의 연관성을 규명하기 위해 상관관계 분석(Correlation Analysis)을 실시하였다.

---

28) 다중회귀분석(Multiple Regression Analysis)은 하나의 종속변수(기준변수; criterion variable)와 다수의 독립변수(예측변수; predictor variable) 사이의 상관관계를 분석하기 위한 통계기법이다. 본 연구에서는 다수의 독립변수의 변화로 비롯되는 종속변수의 변화를 예측하고, 변인 간 상관관계의 분석에 독립변수들과 종속변수 간의 상호관련성의 강도를 측정, 분석함으로써 독립변수들의 종속변수에 대한 개별적인 상대적 기여도(relative degree of contribution)를 알아내고자 하였다: 김흥규(1997), p.85.

그리고 추구충족과 획득충족 간의 관계 및 두 충족 간의 차이검증을 위해 t-test를 실시하였고, 획득충족과 실제 모바일인터넷 이용 간의 연관성을 밝히기 위해 상관관계 분석을 실시하였으며, 그 외에도 인구통계학적 특성 즉, 성별, 연령, 학력 등에 따른 차이를 밝히기 위해서 카이스퀘어 검증(Chi-square test)과 t-test 및 F-test(ANOVA: analysis of variance)를 실시하였다. 그리고 추가적으로 측정변수들 간의 관계에 대한 설명이 용이한 인과모형을 이용한 경로분석(Path Analysis)[29]을 실시하였다.

3. 연구모형

본 연구는 제2장 이론적 논의에서 제시한 정보기술수용모형과 그 것의 확장 이론 및 기대가치이론을 토대로 연구모형을 설계하였다. Davis는 정보기술수용의 주요 관련 변수로 인지된 유용성(perceived usefulness)과 인지된 이용의 편리성(perceived ease of use) 변수를 사용한 정보기술수용모형을 제시하였다. 또한 해당되는 정보기술의 특성 및 분석수준에 따라 각기 다른 외부변수

---

29) 경로분석(Path Analysis)은 기본적으로 변수들 간의 선형관계(linear relationship)를 분해하고 이를 해석하는 방법이라 할 수 있으며, 인과적 가설(causal hypothesis)의 검증에 흔히 이용된다. 경로분석은 특정변수가 다른 변수에 미치는 직접효과를 측정해 줄 뿐만 아니라 두 변수 간의 공변량(Covariation)을 구성요소에 따라 분해하여 제시할 수 있기 때문에 인과구조를 파악하는 데 매우 편리한 도구가 된다. 사회과학 분야에서는 Peter Blau와 Otis Duncan 등이 이 분석기법을 사회계층 연구에 도입한 이래 널리 사용되고 있다: 김두섭·강남준(2000), p.331.

(external variables)들이 존재할 수 있으며, 이러한 외부변수들이 새로운 정보기술의 수용 행태에 어떠한 영향을 미치는지 분석하는 것이 중요하다고 제언하였다.

이에 본 연구에서는 기존의 정보기술수용모형 및 혁신이론에서 언급된 변수들 중 본 연구에 적합한 8개의 외부변수(유용성, 이용의 편리성, 시스템 품질, 사회·문화적 영향, 적합성, 인지된 비용, 즉시 접속성, 유희성)를 추출하여 독립변수로 선정하였다.

종속변수의 구성에 있어 기존 혁신이론에서는 혁신을 수용하고자 하는 의사결정(수용의도)뿐만 아니라 지속적 이용 등 혁신 의사결정 과정에서의 다양한 성과척도를 중시하고 있다. 즉, 혁신의 '현재 이용 정도'에 영향을 미치는 요인과 미래의 '지속적인 이용의도'에 영향을 미치는 요인은 서로 다를 수 있다는 점에서 종속변수로서 복수지표를 사용하기도 한다.

Agarwal과 Prasad(1997)는 종속변수로 '현재의 이용도'와 '지속적 이용의도'의 2항목으로 구분하여 측정하였으며, Karahanna 등의 연구(1999)에서는 이용자를 잠재적 이용자와 지속적 이용자로 구분하여 '수용'과 '지속적 이용'이라는 행위는 서로 다른 요인에 의해 영향을 받는다는 기초적인 근거를 제시하였다.

이에 본 연구에서는 기존 정보기술수용모형의 종속변수인 '이용'을 '현재 모바일인터넷에 대한 가치평가'와 '향후 모바일인터넷에 대한 지속적인 이용의도'의 개념으로 확장하여 2항목의 종속변수를 선정하였다.

한편, 본 연구에서 주요 모델로 상정하고 있는 Palmgreen과 Rayburn의 '추구충족과 획득충족의 기대가치이론'은 추구충족과 획득충족의 불일치와 순환성을 바탕으로 추구충족→미디어 노출→획득충족으로 이어지는 선형적인 관계를 설명하고 있다. 추구충족은 실제 미디어 소비를 통해 얻어진 획득충족을 토대로 하기 때문에 추구충족과 획득충족의 관계는 계속적인 순환을 통해서 시간이 지날수록 강한 상관관계를 가진다고 가정해 왔다. 특히 사람들이 특정 매체나 미디어 내용에 노출되는 과정에 초점을 맞추어, 미디어 노출과 관련된 다른 변인 간의 관계에 대한 논의를 하였다. 여기서 추구충족의 선행변인, 추구충족과 획득충족 간의 관계, 추구충족과 획득충족 간의 관계가 미디어 혹은 내용 선택, 노출수준, 미디어 의존, 미디어 효과와 어떻게 연결되는가에 초점을 맞추었다.

이에 본 연구에서는 모바일인터넷에 대한 기대(추구충족), 그에 대한 충족(획득충족) 간의 연계성을 제시하고, 아울러 모바일인터넷의 수용 결정에 영향을 미치는 외부변수들과 추구충족, 획득충족 간의 관계를 살펴보고자 하였다.

한편, 기대가치이론에 따르면, 이용자들이 특정 미디어를 이용할 때 추구충족보다 획득충족이 더 크게 나타날 경우 이는 이용자들이 그 미디어를 통해 얻고자 기대하는 것보다 실제 그 미디어를 통해 더 많은 충족을 얻고 있음을 의미하는 것으로, 이러한 차이는 앞으로 이용자들이 그 미디어에 자신을 노출할 가능성이 매우 높다는 사실을 암시하는 것이라 주장하고 있다. 이는 매체의 이용행위로부터 얻는 충족은 시간이 흐름에 따라 잠재적으로 증가한다는 것을 기본 가정으로 삼고 있다. 따라서 추구충족이 획득충족보다 클 경우, 이용자들이 해당 미디어에 만족하고 있다고 평가한다. 이에 모바일인터넷과 같이 확산과정에 있는 미디어에서는 이용자의 개인차에 따라 이론적으로 중요한 차이를 나타낼 수 있는 것이다.

이에 본 연구에서는 모바일인터넷에 대한 이용자의 기대와 그에 대한 충족 간의 차이가 실제 모바일인터넷의 이용에 어떠한 영향을 미치는지 밝히고자 하였다. 이와 같은 이론적 논의를 토대로 본 연구는 다음의 〈그림-10〉과 같은 연구모형을 설계하였다.

〈그림-10〉 연구모형

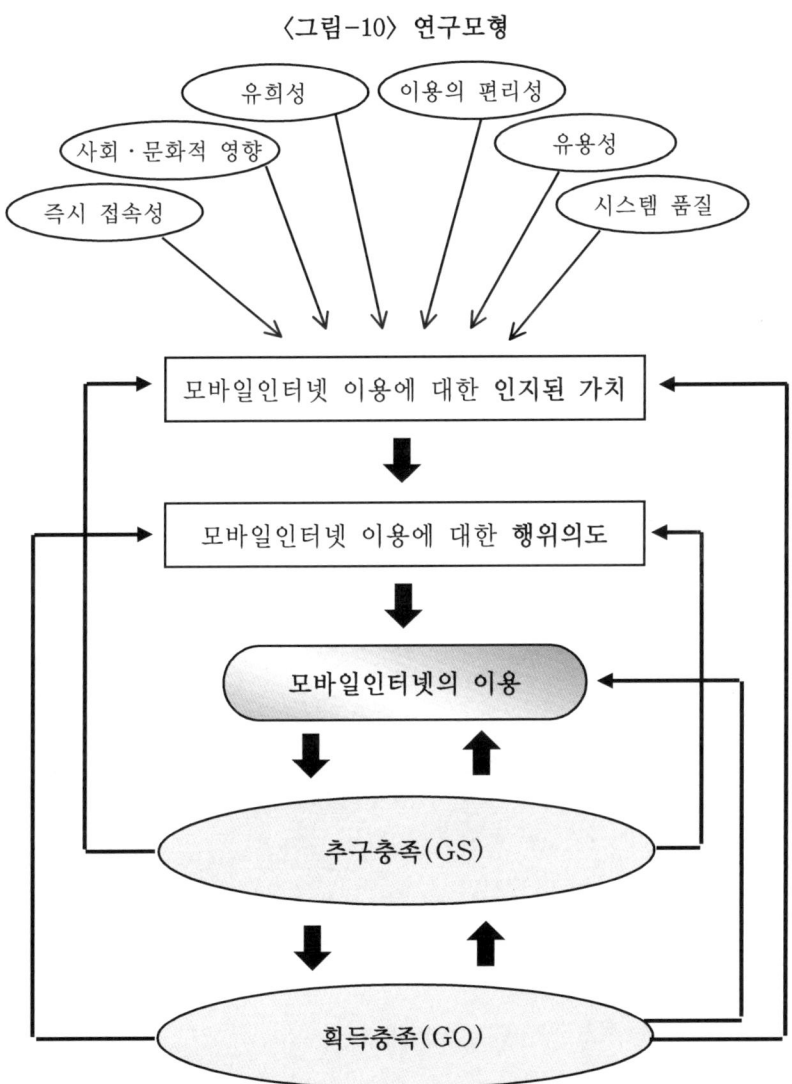

제5장 실증분석

1. 인구통계학적 분석

1) 조사대상자의 특성

조사대상자 총 307명 중 성별 비율은 남자가 171명으로 55.7%, 여자가 136명으로 44.3%를 차지해 남자가 여자보다 약간 많았다. 그리고 연령별로는 10대가 114명으로 37.1%, 20대가 108명으로 35.2%, 30대가 85명으로 27.7%를 차지해 10대, 20대에 비해 30대의 비율이 다소 낮았다.

<표-7> 인구통계학적 속성에 따른 조사대상자의 특성

구 분		사례 수	비 율(%)
성별	남자	171	55.7
	여자	136	44.3
	Total	307	100.0
연령별	10대	114	37.1
	20대	108	35.2
	30대	85	27.7
	Total	307	100.0
학력별	중학생/고등학생	80	26.1
	대학생	92	30.0
	고졸	43	14.0
	전문대졸	27	8.8
	대졸 이상	65	21.2
	Total	307	100.0
직업별	중/고등학생	84	27.4
	대학생/대학원생	111	36.2
	사무직/기술직	51	16.6
	판매직/서비스직	20	6.5
	전문직	15	4.9
	주부	6	2.0
	무직	15	4.9
	기타	5	1.6
	Total	307	100.0

학력별로는 대학생이 92명으로 30.0%, 중·고등학생이 80명으로 26.1%, 대학 졸업 이상이 65명으로 21.2%, 고졸이 43명으로 14.0%, 전문대 졸업이 27명으로 8.8%를 차지했다. 그리고 직업별 분포를 살펴보면, 대학생/대학원생이 111명으로 36.2%를 차지해 가장 많았고, 중/고등학생이 84명으로 27.4%, 사무직/기술직이 51 명으로 16.6%(51명), 판매직/서비스직이 20명으로 6.5%, 전문직과 무직이 각각 15명으로 4.9%, 주부가 6명으로 2.0%, 기타가 5명으로 1.6%의 순으로 나타났다.

2) 조사대상자의 특성에 따른 모바일인터넷이용 현황

(1) 모바일인터넷 이용기간

모바일인터넷 이용기간에 대한 조사결과에 의하면, '1개월 이상 6개월 미만'이 73명(23.8%)으로 가장 많았고, 다음이 '2년 이상'이 62명(20.2%)과 '6개월 이상 1년 미만'이 60명(19.5%), '1개월 미만'이 44명(14.3%), '1년 이상 1년 6개월 미만'이 38명(12.4%), '1년 6개월 이상 2년 미만'이 30명(9.8%)의 순으로 조사되었다.

이는 최근 새로운 기능과 서비스를 앞세운 각종 모바일인터넷 기기의 출시와 모바일인터넷에 대한 사회적 관심의 증대로 인해 모바일인터넷 사용이 급격히 증가한 것으로 해석할 수 있으며, 또한 모바일인터넷이 등장한 초기부터 꾸준히 이용해 온 초기 이용자들이 상당히 많이 분포되어 있음을 의미한다 하겠다.

한편, 조사대상자의 특성에 따른 모바일인터넷 이용기간에 차이가 있는지를 살펴보기 위해 카이스퀘어 검증(Chi-square Tests)을 실시하였다. 조사결과에 의하면, 성별에 따른 모바일인터넷 이용기간에는 유의미한 차이가 나타나지 않았다(x^2=4.078, df=5, p>.05). 반면, 연령에 따른 모바일인터넷 이용기간에는 유의미한 차이가 나타났다.(x^2=24.064, df=10, p<.01)

〈표-8〉 모바일인터넷 이용기간

(단위: 명(%))

		1개월 미만	1개월 이상 -6개월 미만	6개월 이상-1년 미만	1년 이상-1년 6개월 미만	1년 6개월 이상-2년 미만	2년 이상	Total
전 체		44(14.3)	73(23.8)	60(19.5)	38(12.4)	30(9.8)	62(20.2)	307(100.0)
성별	남자	26(15.2)	45(26.3)	34(19.9)	21(12.3)	17(9.9)	28(16.4)	171(100.0)
성별	여자	18(13.2)	28(20.6)	26(19.1)	17(12.5)	13(9.6)	34(25.0)	136(100.0)

$x^2 = 4.078$, df = 5, p>.05

		1개월 미만	1개월 이상 -6개월 미만	6개월 이상-1년 미만	1년 이상-1년 6개월 미만	1년 6개월 이상-2년 미만	2년 이상	Total
연령	10대	20(17.5)	23(20.2)	17(14.9)	16(14.0)	10(8.8)	28(24.6)	114(100.0)
연령	20대	15(13.9)	26(24.1)	17(15.7)	12(11.1)	9(8.3)	29(26.9)	108(100.0)
연령	30대	9(10.6)	24(28.2)	26(30.6)	10(11.8)	11(12.9)	5(5.9)	85(100.0)

$x^2 = 24.064$, df = 10, p<.01

위의 〈표-8〉에서 보면, 조사대상자 중 10대, 20대는 '2년 이상'이 각각 28명(24.6%), 29명(26.9%)으로 가장 많은 반면, 30대는 '2년 이상'이 5명(5.9%)으로 매우 적었다. 그리고 30대의 경우는 '6개월 이상-1년 미만'이 26명(30.6%)으로 가장 많았다. 이는 10대, 20대의 경우 모바일인터넷에 대한 초기 이용자가 상당수 있는 반면, 30대는 비교적 최근에 모바일인터넷의 이용이 증가한 것으로 보인다.

(2) 모바일인터넷 이용량 및 이용횟수

① 평일

조사대상자의 평일 모바일인터넷 이용량에 대한 결과는 다음의 〈표-9〉에 제시하였다. 하루 평균 '5분 이하'가 181명(59.0%)으로 가장 많았고, '5분 이상-10분 이하'가 그 다음으로 53명(17.3%)을 차지했다. 전체적으로 볼 때, '10분 이하'가 응답의 76.3%를 차지해 평일 모바일인터넷 이용이 다소 짧은 시간 내에 이루어지고 있는 것으로 나타났다. 이는 '현재 주로 이용하는 모바일인터넷 콘텐츠'에 대한 조사 결과를 통해서도 알 수 있듯이, 모바일인터넷을 주로 캐릭터, 벨소리(멜로디) 다운로드 등 시간이 많이 걸리지 않은 콘텐츠를 중심으로 이용하고 있기 때문인 것으로 보인다. 또한 '모바일인터넷의 활성화를 위한 선결 요건'에 대한 조사 결과 1순위가 '요금인하'로 선정된 것에서 알 수 있듯이, 모바일인터넷 이용 비용에 대한 부담감이 모바일인터넷 이용량을 적게 나타나게 한 요인으로 보인다.

<표-9> 평일 모바일인터넷 이용량

(단위: 명(%))

		5분 이하	5분 이상 - 10분 이하	10분 이상 - 20분 이하	20분 이상 - 30분 이하	30분 이상 - 60분 이하	60분 이상 - 120분 이하	120분 이상	Total
전 체		181(59.0)	53(17.3)	25(8.1)	25(8.1)	9(2.9)	8(2.6)	6(2.0)	307(100.0)
성별	남자	92(53.8)	30(17.5)	13(7.6)	21(12.3)	9(5.3)	2(1.2)	4(2.3)	171(100.0)
	여자	89(65.4)	23(16.9)	12(8.8)	4(2.9)	·	6(4.4)	2(1.5)	136(100.0)

$x^2 = 20.517$, df = 6, p < .01

		5분 이하	5분 이상 - 10분 이하	10분 이상 - 20분 이하	20분 이상 - 30분 이하	30분 이상 - 60분 이하	60분 이상 - 120분 이하	120분 이상	Total
연령	10대	74(64.9)	23(20.2)	7(6.1)	6(5.3)	1(0.9)	2(1.8)	1(0.9)	114(100.0)
	20대	77(71.3)	10(9.3)	5(4.6)	5(4.6)	4(3.7)	5(4.6)	2(1.9)	108(100.0)
	30대	30(35.3)	20(23.5)	13(15.3)	14(16.5)	4(4.7)	1(1.2)	3(3.5)	85(100.0)

$x^2 = 42.838$, df = 12, p < .01

다음으로, 조사대상자의 특성에 따른 평일 모바일인터넷 이용량에 차이가 있는지를 살펴보았다. 조사결과에 의하면, 성별에 따른 평일 모바일인터넷 이용량에는 유의미한 차이가 나타났다($x^2 = 20.517$, df=6, p〈.01). '5분 이하'가 남자 92명(53.8%), 여자 89명(65.4%)으로 남녀 모두 가장 많았으나, 상대적으로 여자의 응답비율이 다소 더 높았고, 남자의 경우 '20분 이상'이 36명(21.1%)인 반면, 여자의 경우는 12명(8.8%)에 그쳐 여자에 비해 남자의 모바일인터넷 이용량이 더 많은 것으로 나타났다.

다음으로, 연령에 따른 평일 모바일인터넷 이용량 역시 유의미한 차이를 보였다(x^2=42.838, df=12, p〈.01). 10대는 '5분 이하'가 74명(64.9%), '5분 이상-10분 이하'가 23명(20.2%)을 차지했고, 20대는 '5분 이하'가 77명(71.3%), '5분 이상-10분 이하'가 10명(9.3%)으로 '10분 이하'라는 응답이 높은 비율을 차지했다. 반면, 30대의 경우는 '5분 이하'가 30명(35.3%), '5분 이상-10분 이하'가 20명(23.5%), '10분 이상-20분 이하'가 13명(15.3%), '20분 이상 -30분 이하' 14명(16.5%)으로 비교적 고른 응답분포를 보여 10대, 20대에 비해 평일 모바일인터넷 이용량이 상대적으로 많은 것으로 나타났다.

평일 모바일인터넷 이용횟수에 대한 결과를 다음의 〈표-10〉에 제시하였다. 하루 평균 '1회'가 202명(66.9%)으로 가장 많았고, '2회'가 47명(15.6%)을 차지했다. 전체적으로 볼 때, '1-2회'가 응답의 82.5%를 차지해 평일 모바일인터넷 이용이 빈번하게 이루어지는 것은 아님을 알 수 있다.

〈표-10〉 평일 모바일인터넷 이용횟수

(단위: 명(%))

		1회	2회	3회	4회	5회	6회이상	Total
전 체		202(66.9)	47(15.6)	25(8.3)	13(4.3)	12(4.0)	3(1.0)	302(100.0)
성별	남자	110(65.9)	26(15.6)	12(7.2)	7(4.2)	10(6.0)	2(1.2)	167(100.0)
	여자	92(68.1)	21(15.6)	13(9.6)	6(4.4)	2(1.5)	1(0.7)	135(100.0)
							$x^2 = 4.580$, df=5, p>.05(무의미)	
연령	10대	88(77.2)	14(12.3)	6(5.3)	3(2.6)	3(2.6)	·	114(100.0)
	20대	74(69.8)	11(10.4)	8(7.5)	6(5.7)	6(5.7)	1(0.9)	106(100.0)
	30대	40(48.8)	22(26.8)	11(13.4)	4(4.9)	3(3.7)	2(2.4)	82(100.0)
							$x^2 = 24.620$, df=10, p<.01	

이와 관련하여, 조사대상자의 특성에 따른 평일 모바일인터넷 이용횟수에 차이가 있는지를 살펴보았다. 여기서 성별에 따른 평일 모바일인터넷 이용횟수에는 유의미한 차이가 나타나지 않았다.($x^2 = 4.580$, df=5, p>.05) 반면, 연령에 따른 평일 모바일인터넷 이용횟수에는 유의미한 차이가 나타났다.($x^2 = 24.620$, df=10, p<.01) 10대는 '1회'가 88명(77.2%), '2회'가 14명(12.3%)을 차지했고, 20대는 '1회'가 74명(69.8%), '2회'가 11명(10.4%)으로 '1-2회'라는 응답이 압도적인 비율을 차지했다. 반면, 30대의 경우는 '1회'가 40명(48.8%), '2회'가 22명(26.8%), '3회'가 11명(13.4%)으로 비교적 고른 응답분포를 보여 10대, 20대에 비해 평일 모바일인터넷 이용횟수가 상대적으로 많은 것으로 나타났다.

② 주말

주말 모바일인터넷 이용량에 대한 결과는 다음의 〈표-11〉에 제시하였다. '5분 이하'가 162명(53.1%)으로 가장 많았고, '5분 이상-10

138

분 이하'가 56명(18.4%)을 차지했다. 전체적으로 볼 때, '10분 이하'
가 응답의 71.5%를 차지해 주말 모바일인터넷 이용 역시 평일과
마찬가지로 짧은 시간 내에 이루어지고 있는 것으로 나타났다.

<표-11> 주말 모바일인터넷 이용량

(단위: 명(%))

		5분 이하	5분 이상- 10분 이하	10분 이상- 20분 이하	20분 이상- 30분 이하	30분 이상- 60분 이하	60분 이상- 120분 이하	120분 이상	Total
전 체		162(53.1)	56(18.4)	29(9.5)	18(5.9)	18(5.9)	12(3.9)	10(3.3)	305(100.0)
성별	남자	86(50.9)	29(17.2)	16(9.5)	11(6.5)	15(8.9)	7(4.1)	5(3.0)	169(100.0)
	여자	76(55.9)	27(19.9)	13(9.6)	7(5.1)	3(2.2)	5(3.7)	5(3.7)	136(100.0)

$x^2=6.730$, df=6, p>.05(무의미)

연령	10대	59(51.8)	26(22.8)	9(7.9)	8(7.0)	6(5.3)	4(3.5)	2(1.8)	114(100.0)
	20대	59(55.1)	18(16.8)	11(10.3)	6(5.6)	3(2.8)	4(3.7)	6(5.6)	107(100.0)
	30대	44(52.4)	12(14.3)	9(10.7)	4(4.8)	9(10.7)	4(4.8)	2(2.4)	84(100.0)

$x^2=11.314$, df=12, p>.05(무의미)

그리고 조사대상자의 특성에 따른 주말 모바일인터넷 이용량에
차이가 있는지를 살펴보았다. 조사결과에 의하면, 성별에 따른 주말
모바일인터넷 이용량에는 유의미한 차이가 나타나지 않았다.($x^2=6.730$, df=6, p>.05) 평일 모바일인터넷 이용에 있어서는 여자에
비해 남자의 모바일인터넷 이용량이 더 많은 것으로 나타났으나 주
말 모바일인터넷 이용량에는 성별에 의한 차이를 보이지 않았다.
연령에 따른 주말 모바일인터넷 이용량 역시 유의미한 차이를
나타내지 않았다.($x^2=11.314$, df=12, p>.05) 10대, 20대, 30대 모두
'5분 이하'가 각각 59명(51.8%), 59명(55.1%), 44명(52.4%)으로
가장 많았다. 평일 모바일인터넷 이용량에 있어서는 30대가 10대,

20대에 비해 이용량이 상대적으로 많은 것으로 나타났으나 주말 모바일인터넷 이용량에는 연령에 의한 차이를 보이지 않았다.

〈표-12〉 주말 모바일인터넷 이용횟수

(단위: 명(%))

		1회	2회	3회	4회	5회	6회 이상	Total
전 체		180(62.1)	43(14.8)	30(10.3)	18(6.2)	17(5.9)	2(0.7)	290(100.0)
성별	남자	104(64.6)	16(9.9)	14(8.7)	14(8.7)	11(6.8)	2(1.2)	161(100.0)
	여자	76(58.9)	27(20.9)	16(12.4)	4(3.1)	6(4.7)	·	129(100.0)

$x^2 = 12.956$, df = 5, p<.05

		1회	2회	3회	4회	5회	6회 이상	Total
연령2	10대	71(65.1)	12(11.0)	13(11.9)	4(3.7)	8(7.3)	1(0.9)	109100.0)
	20대	60(60.0)	15(15.0)	13(13.0)	6(6.0)	5(5.0)	1(1.0)	100100.0)
	30대	49(60.5)	16(19.8)	4(4.9)	8(9.9)	4(4.9)	·	81100.0)

$x^2 = 10.225$, df = 10, p>.05(무의미)

다음으로, 주말 모바일인터넷 이용횟수에 대한 결과를 앞의 〈표-12〉에 제시하였다. '1회'가 180명(62.1%)으로 가장 많았고, '2회'가 43명(14.8%)을 차지했다. 전체적으로 볼 때, '1-2회'가 응답의 76.9%를 차지해 주말 모바일인터넷 이용 역시 평일과 마찬가지로 빈번하게 이루어지는 것은 아님을 알 수 있다.

조사대상자의 특성에 따른 주말 모바일인터넷 이용횟수에 차이가 있는지를 살펴보았다. 성별에 따른 주말 모바일인터넷 이용횟수에는 분석 결과 유의미한 차이가 나타났다.($x^2 = 12.956$, df = 5, p<.05) 여기서 남녀 모두 '1회'가 각각 104명(64.6%), 76명(58.9%)으로 가장 많았으나, 여자의 경우, '2회' 27명(20.9%), '3회' 16명(12.4%)으로 남자에 비해 상대적으로 주말 모바일인터넷 이용횟수가 많은 것으로 나타났다. 앞에서 살펴본 바와 같이, 평일 모바일인터넷 이용횟수에 있어서는 성별에 의한 차이가 나타나지 않

았으나, 주말 모바일인터넷 이용횟수에서는 성별에 의한 차이를 보였다. 반면, 연령에 따른 주말 모바일인터넷 이용횟수에는 유의미한 차이가 나타나지 않았다.($x^2=10.225$, df=10, p>.05) 조사결과에 의하면, 평일 모바일인터넷 이용횟수에 있어서는 30대가 10대, 20대에 비해 이용횟수가 상대적으로 많은 것으로 나타났으나 주말 모바일인터넷 이용횟수에 있어서는 연령에 의한 차이를 보이지 않았다.

(3) 모바일인터넷 주 이용시간대

조사대상자들의 모바일인터넷 주 이용시간대에 대한 결과는 다음의 〈표-13〉에 제시하였다. 분석 결과에 의하면, '오후 6시 - 밤 12시'가 130명(42.3%)으로 가장 많았고, '12시 - 오후 6시'가 118명(38.4%)을 차지했다. 따라서 모바일인터넷 이용자들은 주로 저녁시간과 심야에 모바일인터넷을 이용하는 것으로 나타났다.

<h4 align="center">〈표-13〉 모바일인터넷 주 이용시간대</h4>

(단위: 명(%))

		오전 6시 -12시 (오전)	12시 - 오후 6시 (오후)	오후 6시 - 밤 12시 (저녁)	밤 12시 - 오전 6시 (심야)	Total
전 체		14(4.6)	118(38.4)	130(42.3)	45(14.7)	307(100.0)
성별	남자	10(5.8)	62(36.3)	72(42.1)	27(15.8)	171(100.0)
	여자	4(2.9)	56(41.2)	58(42.6)	18(13.2)	136(100.0)

$x^2=3.036$, df=4, p>.05

		오전 6시 -12시 (오전)	12시 - 오후 6시 (오후)	오후 6시 - 밤 12시 (저녁)	밤 12시 - 오전 6시 (심야)	Total
연령2	10대	3(2.6)	37(32.5)	55(48.2)	19(16.7)	114(100.0)
	20대	8(7.4)	37(34.3)	42(38.9)	21(19.4)	108(100.0)
	30대	3(3.5)	44(51.8)	33(38.8)	5(5.9)	85(100.0)

$x^2=18.519$, df=8, p<.05

조사대상자의 특성에 따른 모바일인터넷 주 이용시간대에 차이
가 있는지를 살펴보았다. 먼저 성별에 따른 모바일인터넷 주 이용
시간대에는 유의미한 차이가 나타나지 않았다.(x^2=3.036, df=4,
p>.05) 반면, 연령에 따른 모바일인터넷 이용기간에는 유의미한 차
이가 나타났다.(x^2=18.519, df=8, p<.05) 10대와 20대는 '오후 6시
-밤 12시'가 각각 55명(48.2%), 42명(38.9%)으로 저녁 시간대 이
용자가 가장 많았으나 30대는 '12시-오후 6시'가 44명(51.8%)으로
오후 시간대 이용자가 가장 많았다. 또한 10대와 20대는 '밤 12시-
오전 6시'가 각각 19명(16.7%), 21명(19.4%)으로 심야 시간대 이용
자가 다소 있었으나 30대는 5명(5.9%)에 그쳐 10대, 20대와는 차이
를 보였다.

(4) 주로 이용하는 모바일인터넷 콘텐츠

조사대상자들의 현재 각 이동통신사들이 제공하고 있는 모바일
인터넷 콘텐츠 가운데 자신이 주로 이용하는 콘텐츠를 순서대로
세 가지를 골라 응답해 달라는 다중응답 문항에 대한 결과는 다
음의 〈표-14〉에 제시하였다.

<표-14> 주로 이용하는 모바일인터넷 콘텐츠

구 분	사례 수	비 율(%)
캐릭터/멜로디(벨소리), 컬러링, 그림	268	87.3
게임	200	65.1
메일서비스	109	35.5
방송연예/스포츠 정보	70	22.8
위치, 교통, 여행	68	22.1
쇼핑, 예매	41	13.4
뉴스	38	12.4
복권/쿠폰	27	8.8
증권, 금융, 재테크	25	8.1
성인, 오락	23	7.5
채팅, 커뮤니티	16	5.2
학습, 전자책	15	4.9
인터넷 포탈	14	4.6
기타	3	1.0
Total	917	298.7

모바일인터넷 이용자들이 주로 이용하는 모바일인터넷 콘텐츠 가운데 1순위는 '캐릭터/멜로디(벨소리), 컬러링, 그림' 등의 다운 로드였고, 그 다음으로는 '게임', '메일서비스'가 차지했으며, 그 다음으로 '방송연예/스포츠 정보', '위치, 교통, 여행', '쇼핑, 예매', '뉴스'의 순으로 나타났다.

이는 모바일인터넷 이용자들이 정보획득이나 학업/업무 등의 목적보다는 오락이나 엔터테인먼트를 목적으로 모바일인터넷을 이용하고 있음을 알 수 있었다. 또한 복권/쿠폰, 채팅, 커뮤니티, 학습, 전자책, 인터넷 포탈 등의 비교적 새롭게 시도되고 있는 콘 텐츠는 상대적으로 이용량이 많지 않은 것으로 나타났다.

그리고 방송연예/스포츠 정보, 위치/교통/여행정보, 쇼핑/예매, 뉴스 등 정보이용의 목적으로 이용되는 모바일인터넷 콘텐츠의 경우, 오락적 콘텐츠에 비해 상대적으로 이용량이 많지 않으나 모바일인터넷 이용자들이 꾸준히 이용하고 있는 서비스임을 알 수 있다.

아직까지 모바일인터넷 콘텐츠는 여러 가지 측면에서 제한요소를 반영하고 있으나, 최근 정보통신 기술의 발달에 의한 다양한 서비스의 제공으로 활기를 띠고 있다. 이는 모바일인터넷이 가진 오락이나 엔터테인먼트 성향을 탈피해 좀더 새로운 서비스를 지향하는 모바일인터넷 업계의 노력을 반영하고 있는 것이라 볼 수 있다. 이처럼 모바일인터넷 서비스에 있어서 다양한 콘텐츠 개발이 뒷받침된다면, 모바일인터넷 이용의 활성화가 이루어질 것으로 보인다.

(5) 향후 희망하는 모바일인터넷 콘텐츠

다음으로 모바일인터넷 콘텐츠 가운데 향후 이용할 의지가 있는 콘텐츠를 순서대로 세 가지를 골라 응답해 달라는 다중응답 문항에 대한 분석 결과는 다음의 〈표-15〉에 제시하였다.

모바일인터넷 이용자들이 희망하는 콘텐츠 가운데 1순위는 '캐릭터/멜로디(벨소리), 컬러링, 그림' 등의 다운로드였고, 그 다음으로는 '위치, 교통, 여행', '게임'이 차지했다. 그 다음으로 '메일서비스', '쇼핑, 예매', '증권, 금융, 재테크', '학습, 전자책', '방송연예/스포츠 정보', '뉴스'의 순으로 나타났다.

〈표-15〉 향후 희망하는 모바일인터넷 콘텐츠

구 분	사례 수	비율(%)
캐릭터/멜로디(벨소리), 컬러링, 그림	154	50.2
위치, 교통, 여행	120	39.1
게임	112	36.5
메일서비스	99	32.2
쇼핑, 예매	88	28.7
증권, 금융, 재테크	55	17.9
학습, 전자책	52	16.9
방송연예/스포츠 정보	50	16.3
뉴스	49	16.0
인터넷 포탈	35	11.4
성인, 오락	34	11.1
복권/쿠폰	34	11.1
채팅, 커뮤니티	29	9.4
기타	3	1.0
Total	914	297.7

현재 주로 이용하고 있는 모바일인터넷 콘텐츠에서와 마찬가지로 오락과 엔터테인먼트 성향이 강한 콘텐츠에 대한 선호도가 상대적으로 높은 것으로 나타났다. 그러나 가장 눈에 띄는 것은 현재 주로 이용하고 있는 모바일인터넷 콘텐츠에서 이용도가 비교적 높지 않았던 '위치/교통/여행' 콘텐츠가 두 번째로 높은 순위를 차지한 것이다. 이는 모바일인터넷 이용자들이 모바일인터넷이 가지고 있는 '이동성' 측면을 인지하고 있으며, 이를 활용하고자 하는 의도를 가지고 있는 것으로 해석할 수 있다.

또한 '증권/금융/재테크', '학습/전자책', '인터넷 포탈' 콘텐츠도 현재 주로 이용하고 있는 콘텐츠에서와는 달리 비교적 높은 비율을 차지했는데, 이는 현재 모바일인터넷 이용자들이 오락이나 엔터테인먼트 위주로 모바일인터넷을 이용하고 있으나 앞으로는 정보이용과 관련한 콘텐츠를 이용할 의지가 있는 것으로 해석할 수 있겠다.

이러한 결과는 기존의 모바일인터넷이 가진 오락이나 엔터테인먼트 콘텐츠 위주에서 탈피해 소비자가 원하는 정보제공을 전제로 한 다양한 콘텐츠의 개발이 시급함을 시사하는 것이라 할 수 있겠다.

(6) 모바일인터넷 활성화를 위한 선결 요건

모바일인터넷 활성화를 위한 선결 요건을 순서대로 세 가지를 골라 응답해 달라는 다중응답 문항에 대한 결과는 다음의 〈표-16〉에 제시하였다. 모바일인터넷의 활성화를 위한 선결 요건 1순위는 이용료에 대한 '요금인하'였고, 그 다음으로는 '전송품질 향상', '전송속도 향상'이 차지했다. 그 다음으로 '타 이동통신 사업자의 모바일 콘텐츠이용 가능', '콘텐츠/정보의 다양화', '이동통신 화면의 극대화', '서비스 지역 확대' 등의 순으로 나타났다.

〈표-16〉 모바일인터넷 활성화를 위한 선결 요건

구 분	사례 수	비율(%)
요금인하	282	91.9
전송품질 향상	225	73.3
전송속도 향상	103	33.6
타 이동통신 사업자의 모바일 콘텐츠 이용가능	85	27.7
콘텐츠/정보의 다양화	83	27.0
이동통신 화면의 극대화	38	12.4
서비스 지역 확대	31	10.1
콘텐츠의 질 향상	20	6.5
이용의 편리성/단말기 조작편의성	13	4.2
배터리 용량의 극대화	11	3.6
접속 끊김 방지	10	3.3
모바일인터넷 가입절차 간소화	9	2.9
모바일인터넷 접속 단말기의 확대	9	2.9
Total	919	299.3

여기서 모바일인터넷 활성화를 위한 선결 요건 1순위로 '요금인하'가 꼽힌 것은 모바일인터넷 이용자들에게 현재 모바일인터넷의 요금체계가 합리적으로 책정되어 있지 않다고 생각하고 있음을 알 수 있다. 또한 모바일인터넷 이용자들은 모바일인터넷의 '전송품질'이나 '전송속도'에 불만이 있다고 생각하는 것으로 나타났으며, 이는 무선인터넷이 가지고 있는 기계적 문제점이 지적된 것으로 이용자들이 서비스를 이용하는 데 있어서 시스템 품질을 중요한 선택 요건으로 간주하고 있음을 시사하는 것이라 하겠다. 따라서 모바일인터넷 서비스 업체들의 전송 품질, 속도와 관련한 기술적 보완이 지속적으로 이루어져야 할 것이다. 그리고 '타 이동통신 사업자의 모바일 콘텐츠 이용'과 '콘텐츠/정보의 다양화'가 선결 요건으로 거론된 것은 향후 희망하는 모바일인터넷 콘텐츠에서 나타난 것처럼 다양한 모바일인터넷 콘텐츠의 개발의 중요성을 시사하는 것이라 하겠다.

2. 타당성 및 신뢰성 분석

1) 타당성 분석(Validity Analysis)

타당성(validity)이란 측정도구가 측정하고자 하는 개념을 얼마나 정확히 측정하였느냐 하는 문제로, 평가방법에 따라 내용 타당성(content validity), 기준에 의한 타당성(criterion-related validity), 개념 타당성(construct validity) 등으로 나눌 수 있는데, 일반적으로 사회과학 분야에서 사용되는 방법은 개념 타당성이 주로 사용된다. (채서일, 1998, pp.267-268) 이에 본 연구에 사용된 설문문항들은 선행연구들을 통해 타당성과 신뢰성이 입증된 설문문항들을 토대로 했지만, 사전조사와 면접조사 등을 통해 현재 모바일인터넷 환경에 맞도록 일부 문항을 수정, 보완하였으므로 재검증의 필요가 있다.

본 연구에서는 분석에 사용할 변수들의 개념 타당성(판별 타당성)을 검증하기 위하여 요인분석을 실시하였다. 이에 요인 추출방법으로는 주 요인분석(Principle Component Analysis)을 사용하였고, 회전은 베리맥스(Varimax) 방법에 의하여 실시하였으며, 요인분석 후 사회과학 분야에서 일반적으로 인정되고 있는 기준인 아이겐 값(Eigen Value)이 1 이상인 요인만을 추출하여 분석에 사용하였다.

(1) 모바일인터넷의 수용결정요인에 대한 요인분석 결과

본 연구에서는 모바일인터넷 이용자들의 모바일인터넷 수용결정요인을 알아보기 위해 설문지에 제시한 총 34개의 수용결정요인 진술문에 대해 베리맥스 직각 회전 방식을 이용하여 요인분석을 실시하였다. 이를 위해 먼저, 수용결정요인 진술문들이 요인분석에 적합한지 알아보기 위해 K.M.O 측정을 실시하였다. 그 결과, K.M.O 측도 값이 0.927로 매우 높게 나타났으며, Barlett의 구형성검정(test of shpericity) 카이스퀘어 값이 6801.183(df=561, p=.000)으로 99% 수준 이상에서 이 진술문들이 요인분석을 시행하기에 적합하다고 분석되었다. 일반적으로 하나의 독립된 요인으로 인정받기 위해서는 최소한 2개 항목이 0.55 이상의 주요인 적재치(primary factor loading)를 보이는 동시에 0.40 이상의 부요인 적재치(secondary factor loading)가 없어야 한다.

요인분석 결과, 34개의 모바일인터넷 수용결정요인 설문문항은 6개의 요인으로 분류되었다. 이들 요인의 전체 설명력은 65.49%이며, 6개의 요인 모두 아이겐 값이 1 이상으로 모두 타당한 요인으로 판명되었다.

먼저, 요인 I(이용의 편리성 요인)에는 '모바일인터넷 이용방법을 배우고 기억하는 것은 쉽다'(.765), '모바일인터넷 서비스를 언제든지 이용할 수 있다'(.754), '모바일인터넷을 이용하는 방법은 쉽다'(.747), '모바일인터넷 서비스를 어디에서나 이용할 수 있다'(.740), '모바일인터넷 이용방법은 명확하고 이해하기 쉽다'(.732), '모바일인터넷을 능숙하게 이용하는 것은 쉽다'(.727), '모바일인터넷의 이용 방식에 적응하기 쉽다'(.695)와 같은 일곱 가지 항목이 포함되었다. 이들 항목은 주로 모바일인터넷을 사용하는 데 있어서의 편리성 측면을 포함하고 있다고 판단되므로 이를 '이용의 편리성' 요인이라 명명하였다. 한편, 요인 I은 전체 변량의 14.13%를 설명하였다.

〈표-17〉 모바일인터넷 수용결정요인에 대한 요인분석 결과

설문항목 \ 추출요인	요인 I	요인 II	요인 III	요인 IV	요인 V	요인 VI	변량
UA3. M-I 이용방법을 배우고 기억하는 것은 쉽다.	.765						.769
IS1. M-I 서비스를 언제든지 이용할 수 있다.	.754						.774
UA1. M-I를 이용하는 방법은 쉽다.	.747						.700
IS2. M-I 서비스를 어디에서나 이용할 수 있다.	.740						.717
UA2. M-I 이용방법은 명확하고 이해하기 쉽다.	.732						.784
UA4. M-I를 능숙하게 이용하는 것은 쉽다.	.727						.690
C4. M-I의 이용 방식에 적응하기 쉽다.	.695						.608
SQ3. M-I 서비스는 보안적이고 안정적이다.		.791					.720
SQ4. M-I 서비스를 제공하는 시스템은 믿을 만하다.		.769					.685
SQ2. M-I 서비스를 이용하는 데 불편하지 않다.		.791					.586
SQ5. M-I에서 이루어지는 상호 작용은 효과적이다.		.764					.615
SQ1. M-I 서비스의 속도가 빠르게 느껴진다.		.712					.537
P3. M-I 이용 시 다른 일의 존재를 잊어버린다.			.761				.704
P2. M-I 이용 시 주위의 소음이 신경 쓰이지 않는다.			.761				.690
P5. M-I 이용 시 새로운 서비스에 대해 궁금해진다.			.708				.685
P6. M-I 이용 시 계속 탐색해 보고 싶다.			.704				.716
P4. M-I 이용 시 재미와 즐거움을 느낀다.			.695				.640
P7. M-I를 스스로 원해서 이용하게 된다.			.688				.555
P1. M-I 이용 시 시간가는 줄 모른다.			.680				.516
U1. M-I를 통해 원하는 목적을 달성할 수 있다.				.716			.727
U4. M-I에서 획득한 정보는 유용하게 쓰일 수 있다.				.712			.693
U2. M-I에서 유용하고 흥미로운 정보를 얻을 수 있다.				.695			.695
U3. M-I에서 필요한 정보를 빠르게 획득할 수 있다.				.678			.719
C2. M-I는 나의 라이프스타일과 잘 맞는다.				.669			.617
C1. M-I 이용 방식은 나의 정보이용 방식과 유사하다.				.645			.481
U5. M-I를 통해 학업/업무능률을 향상시킬 수 있다.				.621			.595
C3. M-I는 내가 생각했던 이용 방식과 잘 부합한다.*	.436			.565			.631
SI4. M-I를 유행에 뒤떨어지지 않기 위해 사용한다.					.735		.698
SI2. M-I를 주위 사람들이 권하기 때문에 사용한다.					.726		.731
SI3. M-I에 대한 사회적 평가가 좋아서 사용한다.					.714		.786
SI1. M-I가 잘 알려져 있기 때문에 사용한다.					.698		.600
PS3. M-I의 가격은 합리적이다.*	.484				.528		.471
PS1. M-I 이용 시 많은 시간이 걸린다.						.841	.733
PS2. M-I 이용 시 많은 정신적 노력이 필요하다.						.799	.725
아이겐 값(Eigen value)	12.970	3.285	2.327	1.394	1.230	1.059	
전체 변량(%)	14.132	13.729	12.691	10.859	9.351	4.727	65.488

* 주: *로 표시된 항목은 .55/.40 기준을 만족하지 못하고 있어 요인분석에서 제외되었음.
　　M-I=모바일인터넷, UA=편리성, IS=즉시접속성, SQ=시스템품질,
　　P=유희성, U=유용성, C=적합성, SI=사회적 영향, PS=인지된 비용.

요인 Ⅱ(시스템 품질요인)에는 '모바일인터넷 서비스는 보안적이고 안정적이다'(.791), '모바일인터넷 서비스를 제공하는 시스템은 믿을 만하다'(.769), '모바일인터넷 서비스를 이용하는 데 불편하지 않다'(.791), '모바일인터넷에서 이루어지는 상호 작용은 효과적이다'(.764), '모바일인터넷 서비스의 속도가 빠르게 느껴진다'(.712)와 같은 다섯 가지 항목이 포함되었다. 이들 항목은 주로 모바일인터넷의 시스템 품질 측면을 포함하고 있다고 판단되므로 이를 '시스템 품질'요인이라 명명하였다. 한편, 요인 Ⅱ는 전체 변량의 13.73%를 설명하였다.

요인 Ⅲ(유희성 요인)에는 '모바일인터넷 이용 시 다른 일의 존재를 잊어버린다'(.761), '모바일인터넷 이용 시 주위의 소음이 신경 쓰이지 않는다'(.761), '모바일인터넷 이용 시 새로운 서비스에 대해 궁금해진다'(.708), '모바일인터넷 이용 시 계속 탐색해 보고 싶은 마음이 생긴다'(.704), '모바일인터넷 이용 시 재미와 즐거움을 느낀다'(.695), '모바일인터넷을 스스로 원해서 이용하게 된다'(.688), '모바일인터넷 이용 시 시간 가는 줄 모른다'(.680) 등과 같은 일곱 가지 항목이 포함되었다. 이들 항목은 주로 모바일인터넷을 이용하면서 얻게 되는 재미와 즐거움 측면을 포함하고 있다고 판단되므로 이를 '유희성' 요인이라 명명하였다. 한편, 요인 Ⅲ은 전체 변량의 12.69%를 설명하였다.

요인 Ⅳ(유용성 요인)에는 '모바일인터넷을 통해 원하는 목적을 달성할 수 있다'(.716), '모바일인터넷에서 획득한 정보는 유용하게 쓰일 수 있다'(.712), '모바일인터넷에서 유용하고 흥미로운 정보를 얻을 수 있다'(.695), '모바일인터넷에서 필요한 정보를 빠르게 획득할 수 있다'(.678), '모바일인터넷은 나의 라이프스타일과 잘 맞는다'(.669), '모바일인터넷 이용 방식은 나의 정보이용 방식과 유사하다'(.645), '모바일인터넷을 통해 학업이나 업무 등의 능률을 향상시킬 수 있다'(.621)와 같은 일곱 가지 항목이 포함되었다. 이들 항목은 주로 모바일인터넷을 통해 얻는 유용성 측면을 포함하고 있다고 판단되므로 이를 '유용성' 요인이라 명명하였다. '모바일인터넷은 내가 생각했던 이용 방식과 잘 부합한다'의 경우는 .55의 기준에 맞지 않아 제외시켰다. 한편, 요인 IV는 전체 변량의 10.86%를 설명하였다.

요인 V(사회·문화적 영향요인)에는 '모바일인터넷을 유행에 뒤떨어지지 않기 위해 사용한다'(.735), '모바일인터넷을 주위 사람들이 권하기 때문에 사용한다'(.726), '모바일인터넷에 대한 사회적 평가가 좋아서 사용한다'(.714), '모바일인터넷이 잘 알려져 있기 때문에 사용한다'(.698)와 같은 네 가지 항목이 포함되었다. 이들 항목은 모바일인터넷의 사용에 있어서 받는 사회, 문화적 영향 측면을 포함하고 있다고 판단되므로 이를 '사회·문화적 영향'이라 명명하였다. 한편, '모바일인터넷의 가격은 합리적이다'(.528)는 .55의 기준에 맞지 않아 제외시켰다. 요인 V는 전체 변량의 9.35%를 설명하였다.

마지막으로, 요인 VI(인지된 비용요인)에는 '모바일인터넷 이용 시 많은 시간이 걸린다'(.841), '모바일인터넷 이용 시 많은 정신적 노력이 필요하다'(.799)와 같은 두 가지 항목이 포함되었다. 이들 항목은 모바일인터넷을 사용하는 데 필요한 물리적, 정신적, 경제적 비용을 포함하고 있다고 판단되므로 이를 '인지된 비용'이라 명명하였다. 한편, 요인 VI은 전체 변량의 4.73%를 설명하였다.

본 연구에서는 모바일인터넷의 수용 결정에 영향을 미치는 요인으로 8개의 요인을 제시하였으나, 요인분석 결과 6개의 요인으로 분류되었다. 이는 '적합성' 측정문항이 '유용성'과 '이용의 편리성' 요인으로 나뉘어져 들어갔기 때문이다. 그 이유는 이용자들이 적합성의 개념을 명확하게 이해하지 못하고 유용성과 이용의 편리성의 차원의 하나로 이해하고 있는 것으로 추측된다. 실제로 적합성은 정의되는 개념 자체가 매우 폭넓기 때문에 실제 측정에서 하나의 요인으로 나타나지 않는 경우가 종종 있는 것으로 알려져 있다. 그리고 설문을 사후적으로 분석한 결과, 설문문항 C1(모바일인터넷의 이용 방식은 나의 정보이용 방식과 유사하다), C2(모바일인터넷은 나의 라이프스타일과 잘 맞는다)는 모바일인터넷을 자신의 생활 속에 유용한 매체로 받아들이고 있음을 의미할 수 있으므로 유용성 범주에 포함시켜도 될 것으로 판단하였다. 그리고 설문문항 C4(모바일인터넷의 이용 방식에 적응하기 쉽다)는 이용자들이 모바일인터넷의 이용방법을 쉽고, 빠르게 배운다는 의미로 해석하고 사용에 있어서의 시스템 학습과 관련하여 이용의 편리성 부분에 포함시켜 분석을 진행하였다. 또한 '즉시 접속성' 측정문항이 '이용의 편리성' 요인으로 묶였는데, 설문문항 IS1(모바일인터넷 서비스를 언제든지 이용할 수 있다), IS2(모바일인터넷 서비스를 어디에서나 이용할 수 있다)는 모바일인터넷을 시·공간의 구애를 받지 않고 사용할 수 있다는 점에서 사용에 있어서의 편리성 측면을 의미할 수 있으므로 이용의 편리성 범주에 포함시켜 분석을 진행하였다.

이러한 요인분석을 통해 추출된 수용결정요인 변수들을 대상으로 서로의 방향과 관계를 알아보았다. 이에 대한 분석 결과는 다음의 〈표-18〉에 제시하였다.

〈표-18〉 모바일인터넷 수용결정요인 간 상관관계 분석 결과

	이용의 편리성	시스템 품질	유희성	유용성	사회·문화 적 영향	인지된 비용
이용의 편리성	1					
시스템 품질	.388**	1				
유희성	.419**	.329**	1			
유용성	.497**	.542**	.538**	1		
사회·문화적 영향	.293**	.425**	.449**	.533**	1	
인지된 비용	-.097	-.074	.113*	.062	.189**	1

* 상관계수가 .05 수준에서 유의; P<.05 (2-tailed).
** 상관계수가 .01 수준에서 유의; P<.01 (2-tailed).

분석 결과, 대부분의 요인들 간에는 유의미한 상관관계가 있는 것으로 나타났다. 다시 말해, '시스템 품질과 유용성'(r=.542, p<.01), '유희성과 유용성'(r=538, p<.01), '유용성과 사회·문화적 영향'(r=.533, p<.01) 간에는 비교적 높은 상관관계가 있는 것으로 나타난 반면, '유희성과 인지된 비용'(r=.113, p<.05), '사회·문화적 영향과 인지된 비용'(r=.189, p<.01)은 가장 낮은 상관관계가 있는 것으로 나타났다. 여기서 유의미한 상관관계를 보이지 않은 요인들은 대부분 '인지된 비용'과의 상관관계를 측정한 것들이었다.

또한 모바일인터넷 수용결정요인들의 관계는 모두 정의 관계였으며 대부분 상관관계 계수들이 통계적으로 유의미한 수준에서 1보다 작게 나타나 판별 타당성(Discriminant Validity)이 있는 것으로 확인되었다. 또한 Pearson 상관계수(r)가 0.7 이하일 경우에는 변수들끼리의 다중공선성(Multicollinearity) 문제가 발생하지 않는 것으로 판단되기에 유의미하다고 할 수 있다.

(2) 모바일인터넷에 대한 추구충족의 요인분석 결과

본 연구에서는 모바일인터넷 이용자들이 모바일인터넷을 통해
얻고자 하는 기대요인을 알아보기 위해 설문지에 제시한 총 36개
의 기대요인 진술문에 대해 베리맥스 직각 회전 방식을 이용하여
요인분석을 실시하였다.

이를 위해, 설문지에서 사용한 기대요인 진술문들이 요인분석에
적합한지 알아보기 위해 K.M.O 측정을 실시하였다. 그 결과,
K.M.O 측정값이 0.926으로 매우 높게 나타났으며, Barlett의 구형성
검정 카이스퀘어 값이 6145.426(df=630, p=.000)으로 99% 수준
이상에서 이 진술문들이 요인분석을 시행하기에 적합하다고 분석
되었다. 모바일인터넷에 대한 기대요인에 대해 실시한 요인분석 결
과를 다음의 〈표-19〉에 제시하였다.

〈표-19〉 모바일인터넷에 대한 기대요인의 요인분석 결과

설문항목	요인 I	요인 II	요인 III	요인 IV	요인 V	요인 VI	변량
32. 시대에 뒤떨어지지 않기 위해서	.688						.668
28. 모바일인터넷 확산의 사회적 분위기 때문에	.660						.655
29. 호기심 때문에	.659						.595
31. TV, 신문, 인터넷 등의 광고에 끌려서	.646						.672
33. 새로운 것을 경험할 수 있어서	.625						.616
27. 주위의 친구들이 많이 사용하고 있어서	.612						.663
30. 습관적으로 *	.521			.413			.583
34. 이동전화의 기본 서비스에 포함되어 있어서 *	.497			.474			.456
13. 나만의 개성을 표현할 수 있어서		.766					.727
12. 재미와 즐거움을 얻을 수 있어서		.757					.697
15. 기분전환을 할 수 있어서		.737					.709
14. 생활에 신선한 자극을 주어서		.713					.731
9. 벨소리/캐릭터/그림 등을 다운로드받을 수 있어서		.674					.526
21. 무료할 때 시간을 보낼 수 있어서		.669					.577
26. 긴장 해소에 도움이 되어서		.648					.526
36. 복잡한 문제나 잡념으로부터 벗어날 수 있어서		.625					.537
1. 최신의 실시간 뉴스/정보를 쉽게 얻을 수 있어서			.786				.710
2. 서비스 선택의 폭이 넓고 다양해서			.724				.654
5. 남들보다 먼저 정보를 얻을 수 있어서			.712				.712
4. 문화생활을 하는 데 도움을 받을 수 있어서			.695				.579
3. 학업이나 업무처리에 도움을 받을 수 있어서			.662				.609
8. 위치정보를 얻을 수 있어서			.634				.595
16. 새로운 사람들을 만날 수 있어서				.716			.719
22. 친구와 대화(채팅)를 할 수 있어서				.712			.693
17. 다른 사람과 대화할 소재를 얻을 수 있어서				.686			.686
7. 이메일을 수시로 이용할 수 있어서				.645			.785
6. 동영상서비스를 즐길 수 있어서				.623			.746
35. 유선인터넷 대용으로 *				.514	.463		.505
23. 번거롭지 않고 손쉽게 이용할 수 있어서					.674		.584
20. 시간/공간의 구애를 받지 않고 이용할 수 있어서					.634		.701
24. 긴급한(시간단축) 일이 생겼을 때 유용함으로					.626		.607
19. 생활의 편리함을 제공함으로					.613		.512
18. 빠르게 정보를 얻을 수 있어서					.604		.666
10. 주식(주가) 조회/거래를 할 수 있어서						.834	.754
11. 금융거래를 할 수 있어서(MONETA, K-merce)						.811	.772
아이겐 값(Eigen value)	13.067	3.359	2.325	1.543	1.322	1.128	
전체 변량(%)	14.121	11.461	11.097	9.775	8.416	8.310	63.180

* 주: *로 표시된 항목은 .50/.40 기준을 만족하지 못하고 있어 요인분석에서 제외되었음.

　요인분석 결과, 36개의 모바일인터넷에 대한 기대요인 설문문항은 6개의 요인으로 분류되었다. 이들 요인의 전체 설명력은 63.18%이었으며, 6개의 요인 모두 아이겐 값이 1 이상으로 모두 타당한 요인으로 판명되었다.

　요인 Ⅰ(호기심 추구요인)에는 '시대에 뒤떨어지지 않기 위해'(.688), '모바일인터넷 확산의 사회적 분위기 때문에'(.660), '호기심 때문에'(.659), '매체 광고에 끌려'(.646), '새로운 것을 경험할 수 있어서'(.625), '주위의 친구들이 많이 사용하고 있어서'(.612)와 같은 여섯 가지 항목이 포함되었다. 이들 항목은 새로운 것에 대한 호기심에 이끌려 모바일인터넷을 이용할 의도를 가지고 있는 것으로 판단되므로 이를 '호기심 추구'요인이라 명명하였다. 여기서 '습관적으로', '이동전화의 기본 서비스에 포함되어 있어서'는 .55의 기준에 맞지 않아 제외시켰다. 한편, 요인 Ⅰ은 전체 변량의 14.12%를 설명하였다.

　요인 Ⅱ(기분전환 요인)에는 '나만의 개성을 표현할 수 있어서'(.766), '재미와 즐거움을 얻을 수 있어서'(.757), '기분전환을 할 수 있어서'(.757), '기분전환을 할 수 있어서'34567=(.737), '생활에 신선한 자극을 주어'(.713), '벨소리/캐릭터/그림 등을 다운로드받을 수 있어서'(.674), '무료할 때 시간을 보낼 수 있어서'(.669), '긴장해소에 도움이 되어서'(.648), '복잡한 문제나 잡념으로부터 벗어날 수 있어서'(.625) 등과 같은 여덟 가지 항목이 포함되었다. 이들 항목은 모바일인터넷을 이용하면서 즐거움, 기분전환, 신선한 자극, 재미 등과 같은 정서적인 효과를 얻을 수 있다고 기대하고 있는 것으로 판단되므로 이를 '기분전환' 요인이라 명명하였다. 한편, 요인 Ⅱ는 전체 변량의 11.46%를 설명하였다.

요인 Ⅲ(정보획득 요인)에는 '최신의 실시간 뉴스/정보를 쉽게 얻을 수 있어서'(.786), '서비스 선택의 폭이 넓고 다양해서'(.724), '남들보다 먼저 정보를 얻을 수 있어서'(.712), '문화생활을 하는 데 도움을 받을 수 있어서'(.695), '학업이나 업무처리에 도움을 받을 수 있어서'(.662), '위치정보를 얻을 수 있어서'(.634)와 같은 여섯 가지 항목이 포함되었다. 이들 항목은 모바일인터넷을 통해 뉴스나 정보를 얻거나, 학업, 업무처리 등 정보를 손쉽게 얻을 수 있다고 기대하고 있는 것으로 판단되므로 이를 '정보획득' 요인이라 명명하였다. 요인 Ⅲ은 전체 변량의 11.10%를 설명하였다.

요인 Ⅳ(사회적 상호 작용 요인)에는 '새로운 사람을 만날 수 있어서'(.716), '친구와 대화를 할 수 있어서'(.712), '다른 사람과 대화할 소재를 얻을 수 있어서'(.686), '이메일을 수시로 이용할 수 있어서'(.645), '동영상 서비스를 즐길 수 있어서'(.623)와 같은 다섯 가지 항목이 포함되었다. 이들 항목은 사람들과의 대화나 이메일 교환 등 모바일인터넷을 통해 새로운 형태의 커뮤니케이션을 할 수 있다고 기대하고 있는 것으로 판단되므로 이를 '사회적 상호 작용' 요인이라 명명하였다. 한편, '유선인터넷 대용으로'의 경우는 .55의 기준에 맞지 않아 제외시켰다. 요인 Ⅳ는 전체 변량의 9.78%를 설명하였다.

요인 Ⅴ(편리성 요인)에는 '다른 사람들을 의식하지 않고 이용할 수 있어서'(.712), '번거롭지 않고 손쉽게 이용할 수 있어서'(.674), '시간/공간의 구애를 받지 않고 이용할 수 있어서'(.634), '긴급한 일이 생겼을 때 유용함으로'(.626), '생활의 편리함을 제공함으로'(.613), '빠르게 정보를 얻을 수 있어서'(.604)와 같은 여섯 가지 항목이 포함되었다. 이들 항목은 모바일인터넷을 시간과 장소, 타

인에 구애받지 않고 이용할 수 있다고 기대하고 있는 것으로 판단
되므로 이를 '이용의 편리성' 요인이라 명명하였다. 요인 V는 전체
변량의 8.42%를 설명하였다.

요인 Ⅵ(주식금융 요인)은 '주식 조회/거래를 할 수 있어
서'(.834), '금융거래를 할 수 있어서'(.811)와 같은 두 가지 항목이
포함되었다. 이들 항목은 모바일인터넷을 통해 주식이나 금융거래
를 용이하게 할 수 있을 것으로 기대하고 있는 것으로 판단되므
로 이를 '주식금융' 요인이라 명명하였다. 요인 Ⅵ은 전체 변량의
8.31%를 설명하였다.

이러한 요인분석을 통해 추출된 기대요인 변수들을 대상으로
서로의 방향과 관계를 알아보기 위하여 상관관계 분석(Correlation
Analysis)을 실시하였다. 이에 대한 분석 결과는 다음의 〈표-20〉
에 제시하였다.

〈표-20〉 모바일인터넷에 대한 기대요인 간 상관관계 분석 결과

	호기심 추구	기분전환	정보획득	사회적 상호 작용	이용의 편리성	주식금융
호기심 추구	1					
기분전환	.555**	1				
정보획득	.495**	.381**	1			
사회적 상호 작용	.431**	.455**	.578**	1		
이용의 편리성	.417**	.551**	.541**	.471**	1	
주식금융	.189**	.156**	.438**	.314**	.220**	1

** 상관계수가 .01 수준에서 유의: P<.01 (2-tailed).

이를 전체적으로 볼 때, 모든 요인들 간에는 유의미한 상관관계를
나타냈다. '정보획득과 사회적 상호 작용'(r=.578, p<.01), '호기심 추

구와 기분전환'(r = .555, p<.01), '기분전환과 이용의 편리성'(r = .551, p<.01), '정보획득과 이용의 편리성'(r = .541, p<.01) 간에 비교적 높은 상관관계가 있는 것으로 나타났으며, '기분전환과 주식금융'(r = .156, p<.05), '호기심 추구와 주식금융'(r = .189, p<.01) 간은 가장 낮은 상관관계가 있는 것으로 나타났다.

또한 모바일인터넷에 대한 기대요인들의 관계는 모두 정(positive)의 관계였으며, 대부분 상관관계 계수들이 통계적으로 유의미한 수준에서 1보다 작게 나타나 판별 타당성(Discriminant Validity)이 있는 것으로 확인되었다. 특히 Pearson 상관계수(r)가 0.7 이하일 경우에는 변수들끼리의 다중공선성(Multicollinearity) 문제가 발생하지 않는 것으로 판단되기에 유의미하다고 할 수 있다.

(3) 모바일인터넷에 대한 충족요인의 요인분석 결과

본 연구에서는 모바일인터넷 이용자들이 모바일인터넷을 통해 얻은 충족요인을 알아보기 위해 설문지에 제시한 총 32개의 충족요인 진술문에 대해 베리맥스 직각 회전 방식을 이용하여 요인분석을 실시하였다. 이를 위해 설문지에서 사용한 충족요인 진술문들이 요인분석에 적합한지를 알아보기 위해 K.M.O 측정을 실시하였다. 그 결과, K.M.O 측도 값이 0.941로 매우 높게 나타났으며, Barlett의 구형성검정(test of shpericity) 카이스퀘어 값이 6449.991(df = 496, p = .000)로 99% 수준 이상에서 이 진술문들이 요인분석을 시행하기에 적합하다고 분석되었다.

모바일인터넷에 대한 충족요인을 알아보기 위해 실시한 요인분석 결과는 다음의 〈표-21〉에 제시하였다.

요인분석 결과, 32개의 모바일인터넷에 대한 충족요인 설문문항
은 5개의 요인으로 분류되었다. 이들 요인의 전체 설명력은
64.37%이며, 5개의 요인 모두 아이겐 값이 1 이상으로 모두 타당
한 요인으로 판명되었다.

〈표-21〉 모바일인터넷에 대한 충족요인의 요인분석 결과

설문항목 \ 추출요인	요인 I	요인 II	요인 III	요인 IV	요인 V	변량
14. 생활에 신선한 자극을 주었다.	.810					.778
13. 나만의 개성을 표현할 수 있었다.	.795					.661
15. 기분전환을 할 수 있었다.	.774					.691
27. 주위의 친구들과 동질감을 느낄 수 있었다.	.760					.690
28. 호기심이 충족되었다.	.746					.646
26. 긴장 해소에 도움이 되었다.	.740					.625
12. 재미와 즐거움을 얻을 수 있었다.	.730					.667
29. 시대에 뒤떨어지지 않을 수 있었다.	.711					.672
32. 복잡한 문제나 잡념으로부터 벗어날 수 있었다.	.707					.637
30. 새로운 것을 경험할 수 있었다.	.702					.670
21. 무료할 때 시간을 보낼 수 있었다.	.689					.639
9. 벨소리/캐릭터/그림 등을 다운로드받을 수 있었다.	.675					.518
31. 유선인터넷 대용으로 사용할 수 있었다. *	.513	.442				.477
23. 번거롭지 않고 손쉽게 이용할 수 있었다.		.727				.684
25. 다른 사람들을 의식하지 않고 이용할 수 있었다.		.726				.668
20. 시간/공간의 구애를 받지 않고 이용할 수 있었다.		.712				.648
24. 긴급한(시간단축) 일이 생겼을 때 유용하였다.		.703				.657
19. 생활의 편리함을 제공하였다.		.694				.624
18. 빠르게 정보를 얻을 수 있었다.		.657				.635
1. 최신의 실시간 뉴스/정보를 쉽게 얻을 수 있었다.			.789			.675
2. 서비스 선택의 폭이 넓고 다양했다.			.769			.672
5. 남들보다 먼저 정보를 얻을 수 있었다.			.786			.660
4. 문화생활을 하는 데 도움을 받을 수 있었다.			.752			.582
8. 위치정보를 얻을 수 있었다.			.726			.551
3. 학업이나 업무처리에 도움을 받을 수 있었다.			.697			.630
7. 이메일을 수시로 이용할 수 있었다.				.743		.724
22. 친구와 대화(채팅)를 할 수 있었다.				.724		.672
6. 동영상서비스를 즐길 수 있었다.				.701		.713
16. 새로운 사람들을 만날 수 있었다.				.678		.693
17. 다른 사람과 대화할 소재를 얻을 수 있었다.				.675		.598
11. 금융거래를 할 수 있었다.(MONETA, K-merce)					.701.	.645
10. 주식(주가) 조회/거래를 할 수 있었다.					.688	.598
아이겐 값(Eigen value)	13.499	2.772	1.963	1.259	1.105	
전체 변량(%)	20.276	14.199	12.593	9.364	7.937	64.369

* 주: *로 표시된 항목은 .50/.40 기준을 만족하지 못하고 있어 요인분석에서 제외되었음.

요인 Ⅰ('기분전환/호기심 추구'요인)에는 '생활에 신선한 자극을 주었다'(.810), '나만의 개성을 표현할 수 있었다'(.795), '기분전환을 할 수 있었다'(.774), '주위의 친구들과 동질감을 느낄 수 있었다'(.760), '호기심이 충족되었다'(.746), '긴장 해소에 도움이 되었다'(.740), '재미와 즐거움을 얻을 수 있었다'(.730), '시대에 뒤떨어지지 않을 수 있었다'(.711), '복잡한 문제나 잡념으로부터 벗어날 수 있었다'(.707), '새로운 것을 경험할 수 있었다'(.702), '무료할 때 시간을 보낼 수 있었다'(.689), '벨소리/캐릭터/그림 등을 다운로드받을 수 있었다'(.675)와 같은 한두 가지 항목이 포함되었다. 이들 항목은 모바일인터넷의 이용이 기분전환이나 호기심 충족에 도움이 되었다고 생각하는 것으로 판단되므로 이를 '기분전환/호기심 추구'요인이라 명명하였다. 한편, '유선인터넷 대용으로 사용할 수 있었다'의 경우는 .50의 기준을 만족하지 못하여 제외시켰으며, 요인 Ⅰ은 전체 변량의 20.28%를 설명하였다. 따라서 '기분전환/호기심 추구'요인은 추출된 5개의 요인 가운데 아이겐 값이 가장 크게 나타나 모바일인터넷을 통해 얻는 충족요인 가운데 가장 큰 비중을 차지하고 있음을 알 수 있다.

요인 Ⅱ(이용의 편리성 요인)에는 '번거롭지 않고 손쉽게 이용할 수 있었다'(.727), '다른 사람들을 의식하지 않고 이용할 수 있었다'(.726), '시간/공간의 구애를 받지 않고 이용할 수 있었다'(.712), '긴급한(시간단축) 일이 생겼을 때 유용하였다'(.703), '생활의 편리함을 제공하였다'(.694), '빠르게 정보를 얻을 수 있었다'(.657)와 같은 여섯 가지 항목이 포함되었다. 이들 항목은 모바일인터넷을 시간과 장소, 그리고 타인에 구애받지 않고 언제 어디서든 손쉽게 이용할 수 있다고 생각하는 것으로 판단되므로 이를

162

'이용의 편리성' 요인이라 명명하였다. 한편, 요인 Ⅱ는 전체 변량의 14.20%를 설명하였다.

요인 Ⅲ(정보획득 요인)은 '최신의 실시간 뉴스/정보를 쉽게 얻을 수 있었다'(.789), '서비스 선택의 폭이 넓고 다양했다'(.769), '남들보다 먼저 정보를 얻을 수 있었다'(.786), '문화생활을 하는데 도움을 받을 수 있었다'(.752), '위치정보를 얻을 수 있었다'(.726), '학업이나 업무처리에 도움을 받을 수 있었다'(.697)와 같은 여섯 가지 항목을 포함하였다. 이들 항목은 모바일인터넷을 통해 필요한 정보를 쉽게 얻을 수 있었다고 생각하는 것으로 판단되므로 이를 '정보획득' 요인이라 명명하였다. 한편, 요인 Ⅲ은 전체 변량의 12.59%를 설명하였다.

요인 Ⅳ(사회적 상호 작용 요인)에는 '이메일을 수시로 이용할 수 있었다'(.743), '친구와 대화(채팅)를 할 수 있었다'(.724), '동영상서비스를 즐길 수 있었다'(.701), '새로운 사람들을 만날 수 있었다'(.678), '다른 사람과 대화할 소재를 얻을 수 있었다'(.675)와 같은 다섯 가지 항목이 포함되었다. 이들 항목은 모바일인터넷을 통해 사람들과의 대화나 이메일 교환 등의 커뮤니케이션을 할 수 있었다고 생각하는 것으로 판단되므로 이를 '사회적 상호 작용'이라 명명하였다. 한편, 요인 Ⅳ는 전체 변량의 9.35%를 설명하였다.

요인 Ⅴ(주식금융 요인)에는 '금융거래를 할 수 있었다'(.701), '주식(주가) 조회/거래를 할 수 있었다'(.688)와 같은 두 가지 항목이 포함되었다. 이들 항목은 모바일인터넷을 통해 주식이나 금융거래를 용이하게 할 수 있었다고 생각하는 것으로 판단되므로 이를 '주식금융' 요인이라 명명하였다. 한편, 요인 Ⅴ는 전체 변량의 7.94%를 설명하였다.

  이러한 요인분석을 통해 추출된 충족요인 변수들을 대상으로
서로의 방향과 관계를 알아보기 위하여 상관관계 분석을 실시하
였다. 이에 대한 분석 결과는 다음의 〈표-22〉에 제시하였다.

  전체적으로 볼 때, 모든 요인들 간에는 유의미한 상관관계가 나
타났다. 다시 말해, '정보획득과 사회적 상호 작용'(r=.587, p<.01),
'기분전환/호기심추구와 이용의 편리성'(r=.564, p<.01), '기분전환
/호기심추구와 사회적 상호 작용'(r=.542, p<.01), '이용의 편리성
과 정보획득'(r=.535, p<.01) 간에는 비교적 높은 상관관계가 있는
것으로 나타났다. 반면, '기분전환/호기심추구와 주식금융'(r=.167,
p<.01), '이용의 편리성과 주식금융'(r=.278, p<.01) 간의 상관관계
는 가장 낮은 것으로 나타났다.

〈표-22〉 모바일인터넷에 대한 충족요인 간 상관관계 분석 결과

	기분전환/ 호기심추구	이용의 편리성	정보획득	사회적 상호 작용	주식금융
기분전환/호기심추구	1				
이용의 편리성	.564**	1			
정보획득	.406**	.535**	1		
사회적 상호 작용	.542**	.475**	.587**	1	
주식금융	.167**	.278**	.372**	.352**	1

  ** 상관계수가 .01 수준에서 유의: P<.01 (2-tailed).

  또한 모바일인터넷에 대한 충족요인들의 관계는 모두 정의 관
계였으며, 대부분 상관관계 계수들이 통계적으로 유의미한 수준에
서 1보다 작게 나타나 판별 타당성(Discriminant Validity)이 있는
것으로 확인되었다. 그리고 Pearson 상관계수(r)가 0.7 이하일 경
우에는 변수들끼리의 다중공선성(Multicollinearity) 문제가 발생하

164

지 않는 것으로 판단되기에 유의미하다고 할 수 있다.

2) 신뢰성 분석(Reliability Analysis)

신뢰성(reliability)이란 동일한 개념에 대해 측정을 반복했을 때 동일한 측정값을 얻을 가능성을 말하는 것으로, 측정의 안정성, 일관성, 정확성 등과 관련된 개념이다.[30] 다시 말해, 측정결과에 오차가 들어 있지 않은 정도, 즉 분산에 대한 체계적 정보를 반영하고 있는 정도를 의미한다. 신뢰성을 측정하는 방법에는 재검사법(test-retest method), 복수양식법(multiple forms technique), 반분법(split-half method), 내적 일관성(internal consistency reliability) 등이 있는데 본 연구에서는 내적 일관성에 의거하여 신뢰성을 검증하였다.

내적 일관성법은 동일한 개념을 측정하기 위하여 다수의 항목을 이용하는 경우 신뢰성을 저해하는 항목을 찾아내어 측정도구에서 제외시킴으로써 측정도구의 신뢰성을 높이는 방법으로, 크론바흐 알파(Cronbach's Alpha) 상관계수를 이용하여 분석하였다.

여기서 측정되는 변수의 성질과 상황에 따라 그 기준이 유동적이기는 하지만 일반적으로 Alpha 계수가 0.8 이상이면 상당히 높은 신뢰성을 가지고 있는 것으로 보며, 0.6 이상이면 신뢰성에 문제가 없다고 볼 수 있다.[31]

---

30) 채서일, 앞의 책, p.267.
31) 채서일, 위의 책, p.250.

(1) 모바일인터넷 수용결정요인의 측정문항 간 신뢰성 검증

본 연구에서는 요인분석을 통해 추출된 모바일인터넷 수용결정 요인들의 측정문항 간 신뢰성을 검증하기 위해 크론바흐 알파 값을 산출하였다. 이에 대한 분석 결과는 다음의 〈표-23〉에 제시하였다.

〈표-23〉 모바일인터넷 수용결정요인의 측정문항 간 신뢰성 검증

수용결정요인	측정문항 수	신뢰성 계수(Cronbach's Alpha)
이용의 편리성	7	.8994
시스템 품질	5	.8687
유희성	7	.8211
유용성	7	.9087
사회·문화적 영향	4	.8668
인지된 비용	2	.6439
누락된 항목	2	·
수용결정요인 전체 항목	34	.9398

위의 〈표-23〉에서 볼 수 있듯이, 모바일인터넷 수용결정요인에 관한 전체 설문의 신뢰성은 0.9398로 매우 높게 나타났으며, '인지된 비용'을 제외한 나머지 각 요인별 신뢰성 역시 모두 0.8을 상회하고 있어 높은 신뢰성을 확보하고 있음을 알 수 있다. 따라서 본 연구에서 추출한 모바일인터넷 수용결정요인들을 추가분석에 이용하는 데 무리가 없는 것으로 확인되었다.

한편, '인지된 비용'이 적정 수준의 신뢰성을 확보하지 못하고 있으나 요인분석에서 분명한 하나의 요소로 파악되었고, 기존 연구를 통해 여러 학자들이 이용자들이 수용을 결정하는 데 있어서

중요한 요소임을 지적하고 있다. 따라서 본 연구에서는 '인지된 비용'을 모바일인터넷 수용결정요인에 포함시켜 분석을 진행하였다.

(2) 모바일인터넷에 대한 기대요인의 측정문항간 신뢰성 검증

본 연구에서는 요인분석을 통해 추출된 모바일인터넷에 대한 충족요인들의 측정문항 간 신뢰성을 검증하기 위해 크론바흐 알파 값을 산출하였다. 이에 대한 분석 결과는 다음의 〈표-24〉에 제시하였다.

〈표-24〉 모바일인터넷에 대한 기대요인의 측정문항간
신뢰성 검증

기대요인	측정문항 수	신뢰성 계수(Cronbach's Alpha)
호기심 추구	6	.8711
기분전환	8	.8429
정보획득	6	.8304
사회적 상호 작용	5	.8174
이용의 편리성	6	.8049
주식금융	2	.8296
누락된 항목	3	·
기대요인 전체 항목	36	.9464

모바일인터넷에 대한 기대요인의 전체 설문의 신뢰성은 0.9464로 매우 높게 나타났으며, 각 요인별 신뢰성 역시 모두 0.8을 상회하고 있어 높은 신뢰성을 확보하고 있음을 알 수 있다. 따라서 본 연구에서 추출한 모바일인터넷에 대한 기대요인들을 추가분석에 이용하는 데 무리가 없는 것으로 확인되었다.

(3) 모바일인터넷에 대한 충족요인의 측정문항간 신뢰성 검증

본 연구에서는 요인분석을 통해 추출된 모바일인터넷에 대한 충족요인들의 측정문항 간 신뢰성을 검증하기 위해 크론바흐 알파 값을 산출하였다. 이에 대한 분석 결과는 다음의 〈표-25〉에 제시하였다.

〈표-25〉 모바일인터넷에 대한 충족요인의 측정문항 간 신뢰성 검증

충족요인	측정문항 수	신뢰성 계수(Cronbach's Alpha)
기분전환/호기심추구	12	.8786
이용의 편리성	6	.8796
정보획득	6	.8608
사회적 상호 작용	5	.8234
주식금융	2	.8250
누락된 항목	1	·
충족요인 전체 항목	32	.9536

모바일인터넷에 대한 기대요인에 관한 전체 설문의 신뢰성은 0.9536으로 매우 높게 나타났으며, 각 요인별 신뢰성 모두 0.8을 상회하고 있어 높은 신뢰성을 확보하고 있음을 알 수 있다. 따라서 본 연구에서 추출한 모바일인터넷에 대한 충족요인들을 추가분석에 이용하는 데 무리가 없는 것으로 확인되었다.

3. 분석 결과

본 연구에서는 가설 검증을 위해 단계별로 연구모형을 검증하였다. 먼저 정보기술수용모형을 토대로 예비분석을 통해 추출해낸 모바일인터넷 수용결정요인을 파악하고, 파악된 요인들이 모바일인터넷에 대한 가치평가(인지된 가치) 및 모바일인터넷에 대한 지속적인 이용의도(행위의도)에 어느 정도 영향을 미치는지 실증적으로 증명하였다. 또한 기대가치이론에서 사용된 중요 개념인 추구충족과 모바일인터넷 수용결정요인과의 연계성을 분석하였으며, 모바일인터넷에 대한 추구충족과 획득충족 간의 상관관계 및 획득충족과 모바일인터넷 콘텐츠의 수용결정요인과의 관계를 검증하였다. 이에 대한 분석 결과는 다음과 같다.

1) 모바일인터넷의 수용결정요인에 대한 분석 결과

모바일인터넷과 같은 새로운 기술을 활용한 서비스가 시장에서 효과적으로 수용되도록 하기 위해서 이것의 사용요인에 대한 연구의 중요성이 인식되어 왔다. 따라서 기존 매체와는 다른 특성을 지닌 모바일인터넷 서비스 이용자들이 어떠한 요인을 중요하게 생각하는지와 관련된 연구의 중요성이 증가하고 있다.

본 연구에서는 모바일인터넷 수용결정요인(시스템 품질, 유희성, 유용성, 이용의 편리성, 사회·문화적 영향, 인지된 비용)을 독립변수로, 모바일인터넷에 대한 가치평가(인지된 가치)와 모바일인터넷에 대한 지속적인 이용의도(행위의도)를 종속변수로 하여 다중회귀분석을 실시하였다. 이에 대한 분석 결과는 다음의 〈표-26〉에 제시하였다.

분석 결과를 살펴볼 때, 종속변수가 '모바일인터넷에 대한 인지된 가치'일 때, 모바일인터넷 수용결정요인 중 '유희성'(p<.01), '유용성'(p<.01), '사회·문화적 영향'(p<.01)이 유의미한 영향을 미치는 변수로 확인되었다. 반면, '이용의 편리성', '시스템 품질', '인지된 비용'은 유의미한 영향을 미치지 못하는 변수로 나타났다.

또한 Beta 값을 보면, 수용결정요인 중 '유용성'(.361, p<.01)이 모바일인터넷에 대한 인지된 가치에 가장 영향력 있는 요인이며, 그 다음으로 '사회적/문화적 영향'(.236, p<.01)과 '유희성'(.187, p<.01) 순으로 인지된 가치에 영향을 주는 요인임을 알 수 있다.

따라서 본 회귀선은 모바일인터넷의 수용결정요인이 모바일인터넷에 대한 인지된 가치에 영향을 미치는 과정에 대해 50.3%의 설명력을 가지며, 분산분석 모델 검정(F비)을 통해 유의미한 것(p<.01)으로 확인되었다.

〈표-26〉 수용결정요인이 인지된 가치에 미치는 영향에 관한
다중회귀분석 결과

		B	표준오차	Beta	t	p
인지된 가치	(Constant)	-7.582E-02	.553		-.137	.891
	이용의 편리성	-3.007E-02	.017	-.095	-1.722	.086
	시스템 품질	4.663E-02	.027	.100	1.719	.087
	유희성	5.325E-02	.017	.187	3.172	.002**
	유용성	.105	.022	.361	4.758	.000**
	사회·문화적 영향	.124	.031	.236	3.972	.000**
	인지된 비용	1.127E-02	.043	.011	.264	.792
	R^2	.503				
	F	49.389**				

**p<.01.

한편, 종속변수가 '모바일인터넷에 대한 행위의도'일 때, 모바일 인터넷 수용결정요인 중 '이용의 편리성'(p<.01), '유희성'(p<.01), '유용성'(p<.05), '사회·문화적 영향'(p<.05)이 유의미한 영향을 미치는 변수로 확인되었다.

반면, '시스템 품질'과 '인지된 비용'은 유의미한 영향을 미치지 못하는 변수로 나타났다. 또한 Beta 값을 보면, 수용결정요인 중 '이용의 편리성'(.263, p<.01)이 모바일인터넷에 대한 행위의도에 가장 영향력이 있는 요인이며, 그 다음으로 '유희성'(.233, p<.01), '유용성'(.168, p<.05), '사회·문화적 영향'(.140, p<.05) 순으로 행위의도에 영향을 주는 요인임을 알 수 있다.

〈표-27〉 수용결정요인이 행위의도에 미치는 영향에 관한
다중회귀분석 결과

		B	표준오차	Beta	t	p
행 위 의 도	(Constant)	1.037	.677		1.532	.127
	이용의 편리성	9.212E-02	.021	.263	4.314	.000**
	시스템 품질	-2.405E-02	.033	-.046	-.725	.469
	유희성	7.345E-02	.021	.233	3.578	.000**
	유용성	5.435E-02	.027	.168	2.011	.045*
	사회·문화적 영향	8.135E-02	.038	.140	2.138	.033*
	지각된 비용	2.450E-02	.052	.022	.468	.640
	R^2	.396				
	F	31.960**				

**p<.01, p<.05.

따라서 본 회귀선은 모바일인터넷의 수용결정요인이 모바일인터넷의 행위의도에 영향을 미치는 과정에 대해 39.6%의 설명력을 가지며, 분산분석 모델 검정(F비)을 통해 유의미한 것(p<.01)으로

확인되었다.

이러한 다중회귀분석 결과를 토대로 하여 모바일인터넷 수용결정요인 중에서 '유용성'은 모바일인터넷에 대한 인지된 가치에 유의미한 영향을 미치는 것으로 나타났다(p<.01). 인지된 가치에 유용성이 갖는 설명력은 모바일인터넷 수용결정요인 중 가장 높았으며, 모바일인터넷의 가치를 인식하는 데 매우 중요한 영향을 미치는 요인임이 확인되었다.

그리고 행위의도에 '유용성'이 갖는 설명력은 모바일인터넷 수용결정요인 중 세 번째로 높았으며, 모바일인터넷에 대한 지속적인 이용의도를 갖는 데 중요한 영향을 미치는 요인임이 확인되었다. 즉, 모바일인터넷 이용자들은 모바일인터넷이 다른 매체와 차별되는 이익을 제공해 주기 때문에 이용을 한다는 것이다. 따라서 모바일인터넷 사용을 증가시키기 위해서는 기존 제품과 차별화시킬 수 있는 모바일인터넷의 유용성이 무엇인지를 이용자에게 부각시키는 것이 중요하다고 할 수 있다. 이러한 점은 다른 모바일인터넷 사용과 관련된 연구에서도 동일하게 나타나고 있다. 예를 들어, Mohamed 등(2000)에 의한 모바일인터넷 상거래수용에 대한 연구에 의하면, 이용자들이 모바일인터넷 상거래를 수용하는 데 있어서 유용성이 중요한 영향을 미친다는 결과를 제시하고 있다.

모바일인터넷 수용결정요인 중에서 '이용의 편리성'은 모바일인터넷에 대한 인지된 가치에 유의미한 영향을 미치지 않는 것으로 분석 결과 나타났다(p>.05). 반면 '이용의 편리성'은 모바일인터넷에 대한 행위의도에는 유의미한 영향을 미치는 것으로 나타났다(p<.01). 행위의도에 '이용의 편리성'이 갖는 설명력은 모바일인터넷 수용결정요인 중 가장 높았으며, 모바일인터넷에 대한 지속적

인 이용의도를 갖는 데 매우 중요한 영향을 미치는 요인임이 확인되었다.

언제, 어디서나 모바일인터넷을 통해 자신이 필요로 하는 업무나 정보를 처리할 수 있다는 점이 모바일인터넷의 중요한 특징으로 생각되어 왔다. 본 연구의 결과는 모바일인터넷 이용 방식의 용이성과 다양한 사용환경에 따른 편리성이 모바일인터넷에 대한 이용의도를 갖게 하는 데 중요한 영향을 미치는 요소로 지적한 기존 연구결과들을 뒷받침한다고 볼 수 있다.

모바일인터넷 수용결정요인 중에서 '시스템 품질'은 모바일인터넷에 대한 인지된 가치에 유의미한 영향을 미치지 않는 것으로 나타났다($p > .01$). 또한 '시스템 품질'은 모바일인터넷에 대한 행위의도에도 유의미한 영향을 미치지 않는 것으로 나타났다($p > .01$).

그러나 현재 모바일인터넷의 입출력 장치에 대한 불편, 서비스 제공 속도 및 잦은 끊김 현상과 관련한 불만사항들이 이용자들에 의해 빈번히 지적되고 있는 것을 감안할 때, 모바일인터넷 시스템 품질의 향상은 모바일인터넷 사용의 확대를 위해서 간과해서는 안 될 중요한 과제임이 분명하다.

모바일인터넷 수용결정요인 중에서 '사회·문화적 영향'은 모바일인터넷에 대한 인지된 가치에 유의미한 영향을 미치는 것으로 나타났다($p < .01$). 인지된 가치에 '사회·문화적 영향'이 갖는 설명력은 모바일인터넷 수용결정요인 중 두 번째로 높았으며, 모바일인터넷의 가치를 인식하는 데 중요한 영향을 미치는 요인임이 확인되었다. 또한 '사회·문화적 영향'은 모바일인터넷에 대한 행위의도에도 유의미한 영향을 미치는 것으로 나타났다($p < .01$). 행위의도에 '사회·문화적 영향'이 갖는 설명력은 모바일인터넷 수용결

정요인 중 네 번째로 높았으며, 모바일인터넷에 대한 지속적인 이
용의도를 갖는 데 영향을 미치는 요인임이 확인되었다.

한편, '사회·문화적 영향'은 새로운 시스템이나 서비스의 사용에
있어서 중요한 요인으로 기존 연구들을 통해 지적되어 왔다. 즉, 실
제 모바일인터넷 이용자가 위에 많을 경우 모바일인터넷과 관련된
정보의 획득이 용이해지고 이로 인해 모바일인터넷의 사용의 증가
에 많은 영향을 미친다는 것이다. 이와 관련하여, Venkatesh와
Brown의 연구결과(2001)에 의하면 가정 내에서 사용할 컴퓨터의
구매와 관련해 주변 사람들에게 정보를 구하고 또한 주변 사람들의
영향이 구입에 많은 영향을 미친다는 사실을 발견하였다. 따라서 홍
보나 광고 또는 다양한 경로의 모바일인터넷의 체험을 통해 모바일
인터넷의 중요한 특징을 이용자들에게 전달하고 습득하도록 하는
것이 제품의 사용을 확대시키는 중요한 요인임을 암시하고 있다.

모바일인터넷 수용결정요인에 대해 실시한 요인분석 결과 '적합
성' 측정문항이 '유용성'과 '이용의 편리성' 요인으로 나뉘어져 들
어갔다. 설문을 사후적으로 분석한 후 '적합성' 측정문항을 '유용
성'과 '이용의 편리성' 범주에 포함시켜 분석을 진행하였다.

모바일인터넷 수용결정요인 중에서 '인지된 비용'은 인지된 가
치에 유의미한 영향을 미치지 않는 것으로 분석 결과 나타났다
(p>.01). 또한 '인지된 비용'은 모바일인터넷에 대한 행위의도에도
유의미한 영향을 미치지 않는 것으로 나타났다(p>.01).

이러한 가설 검증으로 인하여, 모바일인터넷은 사용에 있어서의
여러 제약점으로 인해 '인지된 비용'이 중요한 영향을 미칠 것으로
예상되었으나 본 연구에서는 영향을 미치지 않는 것으로 나타났
다. 이러한 원인은 현재 모바일인터넷의 사용 패턴과 관련이 있는

것으로 추측된다.

한편, 모바일인터넷과 관련된 여러 조사 결과들을 보면 현재 모바일인터넷의 사용은 특정한 서비스, 예를 들어 캐릭터/멜로디(벨소리), 컬러링, 그림 다운로드 등의 서비스에 이용이 집중되는 것으로 조사되었다.(한국인터넷정보센터, 2002) 현재 이동통신사들은 이러한 서비스를 이용하기 가장 편리한 곳에 위치시켜 놓기 때문에 이용자들이 이용하는 과정에서 크게 인지된 비용이나 과정의 복잡성이 요구되지 않기 때문에 이와 같은 결과가 나타난 것으로 예측할 수 있다.

모바일인터넷 수용결정요인에 대해 실시한 요인분석 결과 '즉시 접속성' 측정문항이 '이용의 편리성' 요인으로 묶여졌다. 설문을 사후적으로 분석한 후 '즉시 접속성' 측정문항을 '이용의 편리성' 범주에 포함시켜 분석을 진행하였다.

모바일인터넷 수용결정요인 중에서 '유희성'은 모바일인터넷에 대한 인지된 가치에 유의미한 영향을 미치는 것으로 나타났다($p<.01$). 인지된 가치에 '유희성'이 갖는 설명력은 모바일인터넷 수용결정요인 중 세 번째로 높았으며, 모바일인터넷의 가치를 인식하는 데 중요한 영향을 미치는 요인임이 확인되었다. 또한 '유희성'은 모바일인터넷에 대한 행위의도에도 유의미한 영향을 미치는 것으로 나타났다($p<.01$). 행위의도에 '유희성'이 갖는 설명력은 모바일인터넷 수용결정요인 중 두 번째로 높았으며, 모바일인터넷에 대한 지속적인 이용의도를 갖는 데 중요한 영향을 미치는 요인임이 확인되었다.

전체적인 분석 결과, 모바일인터넷에 대한 '인지된 가치'와 '행위의도'에 때 영향을 미치는 요인에는 차이가 있었다. '인지된 가치'에 영향을 미치는 요인은 유용성, 사회·문화적 영향, 유희성 등이었으나 '행위의도'에 영향을 미치는 요인은 이용의 편리성, 유희성, 유용성, 사회·문화적 영향 등이었다.

즉, 유용성, 사회·문화적 영향, 유희성 요인은 모바일인터넷을 자신에게 중요한 매체로 인식하고, 모바일인터넷을 지속적으로 이용할 의도를 갖게 하는 데 모두 영향을 미치는 중요 요인이었다. 그러나 모바일인터넷 이용에 있어서 쉽고 편하게 이용할 수 있다는 특성과 시간과 공간에 구애받지 않고 이용할 수 있다는 특성 등의 '편리성' 요인이 모바일인터넷에 대한 지속적인 행위의도를 심어주는 데는 더욱 효과적인 수용결정요인으로 확인되었다.

다음으로, 모바일인터넷에 대한 '인지된 가치'와 '행위의도' 간 영향관계를 알아보기 위하여 상관관계 분석을 실시하였다. 이에 대한 분석 결과는 다음의 〈표-28〉에 제시하였다.

〈표-28〉 모바일인터넷에 대한 인지된 가치와 행위의도 간의
상관관계 분석 결과

	인지된 가치	행위의도
인지된 가치	1	
행위의도	.633**	1

모바일인터넷에 대한 '인지된 가치'와 '행위의도' 간에는 정 (positive)적인 상관관계가 나타났다($r = .633$, $p < .01$). 이는 모바일인터넷이 자신에게 중요한 매체라고 인식하고 있는 사람일수록 모바일인터넷에 대한 지속적인 이용의지를 가지고 있는 것으로 해석할 수 있다. 즉, 모바일인터넷 대한 '인지된 가치'는 모바일인터넷에 대한 '행위의도'에 많은 영향을 미치고 있음을 알 수 있다.

2) 모바일인터넷의 수용결정요인이 이용자 충족에
   미치는 영향

모든 매체들은 각각의 다양한 특징을 지니고 있기 때문에 이용자에게 각기 상이한 기대를 형성시킨다. 다시 말해, 매체 이용자는 자신의 욕구를 가장 잘 충족시켜 줄 것으로 생각되는 매체를 찾는다는 것이다. 예를 들어, 이용자가 '정보추구 욕구'를 가장 잘 충족시켜 줄 매체로 신문을 인식하고 있다면 이를 충족시키고자 할 때 가장 선택될 가능성이 높은 것은 신문이다. 또한 '오락적인 욕구'를 가장 잘 충족시켜 줄 수 있다고 인식되는 매체가 TV라면 오락적인 욕구를 충족시키기 위해 TV에 자신을 노출할 가능성이 가장 높다.

매스미디어에 대한 효과연구 중 '이용자가 미디어를 가지고 무엇을 하느냐'에 관심을 가지게 되면서, 학자들은 같은 매체를 가지고도 이용자에 따라 다르게 사용될 수 있다는 점에 주목하게 되었다. 그래서 사람들이 매체에 왜 접근하는가와 실제 접근을 통해 얻는 것이 무엇인가를 알고자 하였다. 이에 본 연구는 뉴미디어로서 모바일인터넷을 수용하는 데 영향을 미치는 수용결정요인들이 모바일인터넷에 대한 기대요인과 충족요인에 어떠한 영향을 미치는지 파악하고자 한다. 즉, 모바일인터넷의 수용결정요인과 모바일인터넷 이용자들의 추구충족, 획득충족 간의 영향관계를 분석하고자 하였다.

모바일인터넷 수용결정요인(이용의 편리성, 시스템 품질, 유희성, 유용성, 사회·문화적 영향, 인지된 비용)과 모바일인터넷에 대한 추구충족요인(호기심 추구, 기분전환, 정보획득, 사회적 상호

작용, 이용의 편리성, 주식금융) 간의 상관관계 분석을 실시하였
다. 이에 대한 분석 결과는 다음의 〈표-29〉에 제시하였다.

〈표-29〉 모바일인터넷 수용결정요인과 추구충족 간의
상관관계 분석 결과

추구충족 수용결정요인	호기심 추구	기분 전환	정보 획득	사회적 상호 작용	이용의 편리성	주식 금융
이용의 편리성	.307**	.360**	.247**	.155**	.547**	.026
시스템 품질	.409**	.286**	.436**	.383**	.352**	.292**
유희성	.601**	.640**	.394**	.398**	.488**	.165**
유용성	.579**	.588**	.659**	.553**	.696**	.330**
사회·문화적 영향	.719**	.466**	.582**	.577**	.450**	.329**
인지된 비용	.145*	.115*	.103	.151**	.083	.150**

** 상관계수가 .01 수준에서 유의: P<.01 (2-tailed).
* 상관계수가 .05 수준에서 유의: P<.05 (2-tailed).

전체적으로 볼 때, 모바일인터넷 수용결정요인과 추구충족 간의
관계는 모두 정(positive)의 관계였으며, 대부분 유의미한 상관관계
가 나타났다. '호기심 추구와 사회·문화적 영향'(r=.719, p<.01), '이
용의 편리성과 유용성'(r=.696, p<.01), '정보획득과 유용성'(r=.659,
p<.01), '기분전환과 유희성'(r=.640, p<.01), '호기심 추구와 유희
성'(r=.601, p<.01) 간에 비교적 높은 상관관계가 있는 것으로 나타
났다. 하지만 '이용의 편리성과 인지된 비용'(r=.083, p>.05), '정보획
득과 인지된 비용'(r=.103, p>.05), '주식금융과 이용의 편리성'(r=.026,
p>.05) 간에는 상관관계가 없는 것으로 나타났다. 이는 호기심 추구에
대한 욕구가 강한 이용자일수록 모바일인터넷 수용에 있어서 사회·
문화적 영향을 많이 받으며, 이용하는 데 있어서 편리성을 중요하게

생각하는 이용자일수록 모바일인터넷 수용에 있어서 유용성을 많이 고려하는 것을 알 수 있다.

또한 정보획득에 대한 기대가 큰 이용자일수록 모바일인터넷 수용에 있어서 유용성을 중요하게 생각하며, 기분전환을 하고자 하는 의도가 강할수록 모바일인터넷이 가지고 있는 유희성 측면을 중요하게 생각하는 것으로 나타났다. 뿐만 아니라, 모바일인터 넷을 통해 호기심을 충족시키고자 하는 이용자일수록 모바일인터 넷이 가지고 있는 유희성이 중요한 수용결정요인으로 작용하는 것으로 나타났다.

분석 결과, 모바일인터넷 수용결정요인 중에서 모바일인터넷에 대한 추구충족에 가장 많은 영향을 미치는 요인은 '유용성'이며, 그 다음이 '사회·문화적 영향'이었다. 모바일인터넷에 대한 추구 충족에 가장 적은 영향을 미치는 요인은 '인지된 비용'이었다.

한편, 모바일인터넷 수용결정요인(이용의 편리성, 시스템 품질, 유희성, 유용성, 사회·문화적 영향, 인지된 비용)과 획득충족요인 (기분전환/호기심 추구, 이용의 편리성, 정보획득, 사회적 상호 작용, 주식금융) 간의 상관관계를 알아보았다. 이에 대한 분석 결과는 다음의 〈표-30〉에 제시하였다.

<표-30> 모바일인터넷 수용결정요인과 획득충족 간의
상관관계 분석 결과

추구충족 \ 획득충족	기분전환/ 호기심 추구	이용의 편리성	정보 획득	사회적 상호 작용	주식 금융
이용의 편리성	.404**	.463**	.318**	.271**	.008
시스템 품질	.410**	.448**	.475**	.463**	.321**
유희성	.614**	.497**	.430**	.469**	.167**
유용성	.654**	.675**	.670**	.627**	.348**
사회·문화적 영향	.599**	.496**	.613**	.607**	.383**
인지된 비용	.136*	.048	.093	.102	.150**

** 상관계수가 .01 수준에서 유의: P<.01 (2-tailed).
* 상관계수가 .05 수준에서 유의: P<.05 (2-tailed).

전체적으로 볼 때, 모바일인터넷 수용결정요인과 획득충족 간의
관계는 모두 정(positive)의 관계였으며, 대부분 유의미한 상관관계
가 나타났다. 따라서 연구가설 H2-2는 채택되었다. '이용의 편리성과
유용성'(r=.675, p<.01), '정보획득과 유용성'(r=.670, p<.01), '기분전
환/호기심 추구와 유용성'(r=.654, p<.01), '사회적 상호 작용과 유용
성'(r=.627, p<.01), '기분전환/호기심 추구와 유희성'(r=.614, p<.01),
'정보획득과 사회·문화적 영향'(r=.613, p<.01), '사회적 상호 작용
과 사회·문화적 영향'(r=.607, p<.01) 간에 비교적 높은 상관관계가
있는 것으로 나타났다. 하지만 '이용의 편리성과 인지된 비
용'(r=.048, p>.05), '정보획득과 인지된 비용'(r=.093, p>.05), '사회
적 상호 작용과 인지된 비용'(r=.102, p>.05), '주식금융과 이용의 편
리성'(r=.008, p>.05) 간에는 상관관계가 없는 것으로 나타났다.

이는 모바일인터넷 이용에 있어서 편리성에 대한 충족감이 큰
이용자일수록 모바일인터넷 수용에 있어서 유용성 요인을 중요하
게 고려하며, 필요한 정보를 획득하는 데 충족한 이용자일수록 모

바일인터넷 수용에 있어서 유용성을 많이 고려한다는 것을 알 수 있다.

또한 모바일인터넷을 통해 기분전환/호기심 추구에 대한 충족 감을 크게 느끼거나, 모바일인터넷을 통한 사회적 상호 작용에 대한 충족이 큰 이용자일수록 모바일인터넷 수용에 있어서 유용성을 중요하게 경향이 있는 것으로 나타났다. 반면 모바일인터넷을 통해 기분전환/호기심 추구에 대한 충족감을 충분히 경험한 이용자일수록 모바일인터넷이 가지고 있는 유희성이 중요한 수용결정 요인으로 작용하며, 모바일인터넷을 통해 원하는 정보를 획득하는데 충족한 이용자일수록 모바일인터넷 이용에 있어서 사회·문화적 영향을 많이 받는 것으로 나타났다.

분석 결과, 모바일인터넷 수용결정요인 중에서 이용자들이 모바일인터넷에 대한 획득충족에 가장 많은 영향을 미치는 요인은 '유용성'이며, 그 다음이 '사회·문화적 영향'이었다. 가장 적은 영향을 미치는 요인은 '인지된 비용'으로 나타났다.

3) 모바일인터넷 이용자의 추구충족과 획득충족 간의 상관관계

미디어 이용자들은 미디어마다 각기 다른 기대를 형성하며 또한 그것은 개인에 따라서 달라진다. 이는 특정 매체에 대한 이용 경험과 충족, 그리고 타 매체에 대한 기대와 충족 등과 매우 밀접한 관련이 있다.

기존 미디어를 대상으로 한 연구에서 Palmgreen 등은 추구충족

과 획득충족 항목을 일 대 일 대응하여 각 항목의 상관관계를 통
해 추구충족과 획득충족의 순환성을 설명해 왔다. 즉, 추구충족은
실제 미디어 소비를 통해 얻어진 획득충족을 토대로 하기 때문에
추구충족과 획득충족의 관계는 계속적인 순환을 통해서 시간이
지날수록 강한 상관관계를 가진다고 가정한 것이다.

　새로운 매체의 등장은 이용자의 매체소비행위를 변화시키기 때
문에 관심의 대상이 될 수밖에 없다. 새로운 매체에 대해서 이용
자들은 어떤 기대를 형성하는가 그리고 그 기대가 충족에는 어떤
영향을 미치는가 등에 의문점을 갖게 된다. 이에 본 연구에서는
모바일인터넷에 대한 추구충족을 측정하여 이용자들이 인지하는
모바일인터넷에 대한 매체적 특성을 파악하고, ‘추구충족과 획득충
족의 기대가치 모델’이 상정하는 순환성 및 추구충족과 획득충족
간의 상관관계를 분석하였다.

　모바일인터넷에 대한 추구충족요인(호기심 추구, 기분전환, 정
보획득, 사회적 상호 작용, 이용의 편리성, 주식금융)과 획득충족
요인(기분전환/호기심 추구, 이용의 편리성, 정보획득, 사회적 상
호 작용, 주식금융) 간의 상관관계 분석을 실시하였다. 이에 대한
분석 결과는 다음의 〈표-31〉에 제시하였다.

　분석 결과, 모바일인터넷에 대한 추구충족과 획득충족요인 간의
관계는 모두 정(positive)의 관계였으며, 모든 요인들 간에 유의미
한 상관관계가 나타났다. 따라서 연구가설 H3은 채택되었다. ‘사
회적 상호 작용’(r=.828, p<.01), ‘정보획득’(r=.817, p<.01), ‘이용
의 편리성’(r=.814, p<.01), ‘기분전환/호기심 추구’(r=.811, p<.01),
‘주식금융’(r=.795, p<.01) 순으로 요인 간 높은 상관관계가 있는
것으로 나타났다.

182

특히, '기분전환'에 대한 추구충족요인의 경우, '기분전환/호기심
추구'에 대한 획득충족요인과 가장 높은 상관관계가 나타나, 모바
일인터넷에 대한 기분전환 추구동기가 강한 이용자일수록 이를
실제로 이용하였을 때 기분전환/호기심 추구에 대한 충족 역시
큰 것으로 나타났다.

〈표-31〉 모바일인터넷에 대한 추구충족과 획득충족 간의
상관관계 분석 결과

획득충족 추구충족	기분전환/ 호기심 추구	이용의 편리성	정보 획득	사회적 상호 작용	주식 금융
기분전환	.811**	.593**	.539**	.590**	.151**
이용의 편리성	.683**	.814**	.697**	.640**	.313**
정보획득	.516**	.581**	.817**	.623**	.429**
사회적 상호 작용	.603**	.523**	.640**	.828**	.433**
호기심 추구	.749**	.598**	.623**	.671**	.283**
주식금융	.183**	.275**	.407**	.336**	.790**

** 상관계수가 .01 수준에서 유의: P<.01 (2-tailed).

그리고 '이용의 편리성' 추구충족요인의 경우, '이용의 편리성'에
대한 충족과 가장 높은 상관관계가 나타나, 모바일인터넷을 생활
의 편리를 위해 이용하는 이용자일수록 모바일인터넷이 주는 편
리성 측면에 많은 충족을 느끼고 있는 것으로 나타났다. 또 '이용
의 편리성'은 '정보획득'과 '기분전환/호기심 추구'에 대한 획득충
족과도 비교적 높은 상관관계를 나타냈는데, 이는 모바일인터넷이
주는 편리함을 추구하는 이용자일수록 모바일인터넷을 통해 얻는
정보에 충족감을 느끼고 있으며, 모바일인터넷을 통한 기분전환/
호기심 추구에 대해 충분한 충족감을 느끼는 것으로 나타났다.

여기서 '정보획득'에 대한 추구충족요인의 경우, '정보획득'에 대한 획득충족과 가장 높은 상관관계가 나타나, 모바일인터넷을 통해 정보를 얻고자 하는 목적이 강한 이용자일수록 이를 실제로 이용하였을 때 정보획득에 대한 충족 역시 큰 것으로 나타났다. 또 '정보획득'은 '사회적 상호 작용'과도 비교적 높은 상관관계를 나타냈는데, 이는 모바일인터넷에 대한 정보획득 동기가 강한 이용자일수록 모바일인터넷을 통한 사회적 상호 작용에 대한 충족 역시 크다는 것을 의미한다. 이는 정보획득을 통해 자신이 가지고 있는 불안을 해소하려는 이용자가 모바일인터넷을 이용한 상호 커뮤니케이션을 통해 불안감을 해소하는 데 도움을 얻고 있는 것으로 해석할 수 있다.

'사회적 상호 작용'에 대한 추구충족의 경우, '사회적 상호 작용'에 대한 획득충족과 가장 높은 상관관계가 나타나, 모바일인터넷을 통한 타인과의 커뮤니케이션을 원하는 이용자일수록 이를 실제로 이용하였을 때 사회적 상호 작용에 대한 충족 역시 큰 것으로 나타났다. 또 사회적 상호 작용은 '정보획득'과 '기분전환/호기심 추구'에 대한 충족과도 비교적 높은 상관관계를 나타냈는데, 이는 모바일인터넷을 통해 사회적 상호 작용을 하고자 하는 동기가 강한 이용자일수록 모바일인터넷을 통해 얻는 정보에 대해 충족하고 있으며, 모바일인터넷을 통한 기분전환/호기심 추구 욕구에 대해 많은 충족을 느끼는 것으로 나타났다.

'호기심 추구'에 대한 추구하는 충족요인의 경우, '기분전환/호기심 추구'에 대한 획득충족과 가장 높은 상관관계가 나타나, 모바일인터넷을 통한 호기심 추구동기가 강한 이용자일수록 이를 실제로 이용하였을 때 기분전환/호기심 추구에 대한 충족 역시 큰

184

것으로 나타났다. 또 '호기심 추구'는 '사회적 상호 작용'과 '정보획득'에 대한 충족과도 비교적 높은 상관관계를 나타냈는데, 이는 모바일인터넷을 통해 호기심을 충족시키고자 하는 동기가 강한 이용자일수록 모바일인터넷을 통한 사회적 상호 작용에 대해 충족하고 있으며, 모바일인터넷을 통해 얻는 정보에 대해 많은 충족을 경험한 것으로 나타났다.

마지막으로, '주식금융'에 대한 추구충족요인의 경우, '주식금융'에 대한 획득충족과 가장 높은 상관관계가 나타나, 모바일인터넷을 통한 주식금융 거래 의도를 가진 이용자일수록 모바일인터넷을 통해 이루어지는 주식금융 거래에 대해 충족감을 느끼는 것으로 나타났다.

분석 결과, 모바일인터넷 이용 시 특정 항목에 대한 추구동기가 강할수록 실제 모바일인터넷을 이용하였을 때 그 항목에 대한 획득충족 역시 큰 것으로 나타났다.

4) 모바일인터넷 이용자의 추구충족과 획득충족 간의 차이

이용과 충족 연구는 사람들의 행위에 영향을 미치는 요인들을 명확하게 개념 정의한 기대가치이론을 통해 한층 더 정교화되었다. 기대가치이론은 이용과 충족의 여러 개념 중에서 특히 '충족'에 대해 높은 관심을 보였는데, 연구자들은 충족 개념을 정립하기 위해 '기대'와 소비로부터 순차적으로 얻어지는 '충족'은 구분되어야 한다는 관점에서 추구충족과 획득충족을 개념적, 조작적, 분석적으로 분리해 왔다. 이러한 두 개념의 구분은 이용자의 행위에 대한 해석을 풍부하게 해 주고 이용자의 상호 작용과정에 대한 이해를 증진시킨다고 보았다.

이러한 맥락에서 본 연구에서 주요 모델로 상정하고 있는 Palmgreen과 Rayburn의 '추구충족과 획득충족의 기대가치모델'은 추구충족과 획득충족의 불일치와 순환성을 바탕으로 추구충족→ 미디어 노출→획득충족으로 이어지는 선형적인 관계를 설명해 주었다. 또한 추구충족과 획득충족의 차이가 미디어 노출을 지속시키기도 하고, 변화를 일으키기도 하는 강력한 변수이라고 주장한 바 있다.

특히 기대가치이론에 따르면, 이용자들이 특정 미디어를 이용할 때 추구충족보다 획득충족이 더 크게 나타날 경우 이는 이용자들이 그 미디어를 통해 얻고자 기대하는 충족보다 실제 그 미디어를 통해 더 많은 충족을 얻고 있음을 의미하는 것으로, 이러한 차이는 앞으로 이용자들이 그 미디어에 자신을 노출할 가능성이 매우 높다는 사실을 암시하는 것이라 주장하고 있다. 즉, 이용자들이 그 미디어에 대해 추구충족이 상대적으로 높아져서 그 미디어에 대한 노출이 더욱 빈번해질 것이라고 예측할 수 있다는 것이다.

이에 본 연구는 모바일인터넷에 대한 기대요인(추구충족)과 충족요인(획득충족) 간에 어떠한 차이가 있는지 분석하고, 기대요인과 충족요인 간의 차이가 실제 모바일인터넷 이용에 어떠한 영향을 미치는지 살펴보았다.

모바일인터넷에 대한 추구충족요인(호기심 추구, 기분전환, 정보획득, 사회적 상호 작용, 이용의 편리성, 주식금융)과 획득충족요인(기분전환/호기심 추구, 이용의 편리성, 정보획득, 사회적 상호 작용, 주식금융) 간의 t검증을 실시하였다. 이에 대한 분석 결과는 다음의 〈표-32〉에 제시하였다.

모바일인터넷에 대한 추구충족과 획득충족요인 간의 평균차이 검증 결과, 유의미한 차이를 나타낸 요인은 '호기심 추구'(p<.01), '기분전환'(p<.01), '사회적 상호 작용'(p<.01), '주식금융'(p<.01) 요인이었다. 반면, '정보획득'과 '이용의 편리성' 요인에서는 추구충족과 획득충족 간의 유의미한 차이가 나타나지 않았다.

또한 '호기심 추구', '기분전환', '사회적 상호 작용', '주식금융' 요인에서는 추구충족보다 획득충족의 평균값이 더 높게 나타난 반면, '정보획득'과 '이용의 편리성' 요인에서는 추구충족이 획득충족보다 평균값이 더 높게 나타나 상반된 결과를 보였다.

〈표-32〉 모바일인터넷에 대한 추구충족과 획득충족 간의 평균차 검증 결과

	GS의 평균	GO의 평균	사례 수	df	t	p
호기심 추구 - 기분전환/호기심 추구	21.80 (SD=7.939)	46.56 (SD=15.381)	304	303	-39.966	.000**
기분전환 - 기분전환/호기심 추구	32.66 (SD=9.676)	46.60 (SD=15.340)	307	306	-26.007	.000**
정보획득 - 정보획득	21.14 (SD=7.546)	20.98 (SD=7.954)	305	304	.584	.559
사회적 상호 작용 - 사회적 상호 작용	15.96 (SD=6.761)	17.16 (SD=6.584)	305	304	-5.326	.000**
이용의 편리성 - 이용의 편리성	24.92 (SD=7.985)	24.47 (SD=8.454)	307	306	1.566	.118
주식금융 - 주식금융	5.32 (SD=3.346)	5.64 (SD=3.322)	307	306	-2.642	.009**

** p<.01.

'호기심 추구'의 경우, 추구충족(21.80)에 비해 획득충족(46.56)의 평균치가 훨씬 높게 나타난 것은, 이용자들이 모바일인터넷에

대한 호기심 추구 기대 욕구를 실제 모바일인터넷을 통해 충분히
충족하고 있는 것으로 해석할 수 있다.

'기분전환'은 추구충족(32.66)에 비해 획득충족(46.60)의 평균치
가 높게 나타났는데, 이것 역시 이용자들이 모바일인터넷에 거는
기분전환 기대 욕구가 실제 모바일인터넷 이용을 통해 충분히 충
족되고 있음을 의미한다 하겠다.

'정보획득'은 추구충족(21.14)이 획득충족(20.98)보다 평균치가
약간 높게 나타났는데, 이는 이용자들이 모바일인터넷에 대한 정
보획득 기대 욕구를 실제 모바일인터넷을 이용했을 때 기대만큼
충분히 충족하지 못하고 있는 것으로 해석할 수 있다. 이 결과는
현재 모바일인터넷 콘텐츠가 하루가 다르게 변하는 이용자들의
세분화되고 다양해진 정보획득 욕구를 충분히 반영하고 있지 못
하는 것으로 해석할 수 있다.

'사회적 상호 작용'의 경우는, 추구충족(15.96)에 비해 획득충족
(17.16)의 평균치가 높게 나타났는데, 이는 모바일인터넷을 통해
이루어지는 상호 커뮤니케이션이 이용자가 기대하는 것 이상으로
효율적으로 이루어지고 있는 것으로 해석할 수 있다.

'이용의 편리성'은 추구충족(24.92)이 획득충족(24.47)에 비해 평
균치가 높게 나타났는데, 이는 이용자들이 모바일인터넷에 거는
생활의 편리함 제공에 대한 기대를 모바일인터넷이 충분히 충족
시켜 주지 못하고 있는 것으로 볼 수 있다. 이 결과는 모바일인터
넷이 가지는 자유로운 이동성과 시간과 공간의 구애를 받지 않고
이용할 수 있다는 편리성 등에 거는 이용자들의 기대가 상대적으
로 크게 작용해 이 같은 결과가 나타난 것으로 해석할 수 있다.

'주식금융'은 추구충족(5.32)에 비해 획득충족(5.64)의 평균치가

높게 나타났는데, 이는 이용자들이 모바일인터넷을 통해 이루어지
는 주식금융 거래에 대한 기대가 비교적 충분히 충족되고 있는
것으로 볼 수 있다.

전체적으로 볼 때, 대부분의 요인 간 관계에서 추구충족보다 획
득충족의 평균치가 더 높게 나타났다. 이는 이용자들이 모바일인
터넷에 갖는 기대 욕구가 실제 모바일인터넷을 이용함으로써 충
분히 충족되고 있는 것으로 해석할 수 있다.

그리고 모바일인터넷에 대한 추구충족요인과 획득충족요인 간
의 차이와 모바일인터넷에 대한 인지된 가치, 행위의도 간의 상관
관계 분석을 실시하였다. 이에 대한 분석 결과는 다음의 〈표-33〉
에 제시하였다.

〈표-33〉 모바일인터넷에 대한 추구충족-획득충족 차이와 인지된
가치, 행위의도 간 상관관계

추구충족-획득충족	기분전환/호기심 추구-호기심추구	기분전환/호기심추구-기분전환	정보획득-정보획득	사회적 상호 작용-사회적 상호 작용	이용의 편리성-이용의 편리성	주식금융-주식금융
인지된 가치	.386**	.368**	.014	.213**	.049	.025
행위의도	.348**	.330**	.104	.190**	.106	.019

** 상관계수가 .01 수준에서 유의: P<.01 (2-tailed).

모바일인터넷에 대한 '추구충족과 충족요인 간의 차이'와 모바일인
터넷에 대한 '인지된 가치' 간의 관계는 모두 정(positive)의 관계였으
며, '호기심 추구(r=.386, p<.01)', '기분전환(r=.368, p<.01)', '사회적
상호 작용(r=.213, p<.01)' 요인에서 유의미한 상관관계가 나타났다.
모바일인터넷에 대한 '추구충족과 충족요인 간의 차이'와 모바일

인터넷에 대한 '행위의도' 간의 관계 역시 모두 정(positive)의 관계였으며, '호기심 추구(r=.348, p<.01)', '기분전환(r=.330, p<.01)', '사회적 상호 작용(r=.190, p<.01)' 요인에서 유의미한 상관관계가 나타났다.

기대가치이론에 따르면, 이용자들이 특정 미디어를 이용할 때 추구충족보다 획득충족이 더 크게 나타날 경우 이는 그 미디어를 통해 얻고자 하는 기대보다 실제 그 미디어를 통해 더 많은 충족을 얻고 있음을 의미하는 것으로, 이러한 차이는 추후 이용자들이 그 미디어에 자신을 노출할 가능성이 매우 높다는 사실을 암시하는 것이라 주장하고 있다. 즉, 이용자들이 그 미디어에 대해 추구충족이 상대적으로 높아져서 그 미디어에 대한 노출이 더욱 빈번해질 것이라고 예측할 수 있다는 것이다.

분석 결과, 추구충족에 비해 획득충족이 가장 높게 나타난 '호기심 추구'가 모바일인터넷에 대한 '인지된 가치'와 '행위의도'와 가장 높은 상관관계를 나타냈고, 그 다음으로 '기분전환', '사회적 상호 작용'이 높은 상관관계를 나타냈다. 반면, 추구충족에 비해 획득충족이 높게 나타난 '주식금융'은 '인지된 가치'와 '행위의도'에 유의미한 영향을 미치지 못하는 것으로 나타났다. 그러나 주식금융은 추구충족보다 획득충족이 높게 나타났지만 그 차이(0.32)가 매우 미미해 큰 의미가 없다고 할 수 있겠다.

5) 이용자의 추구충족이 인지된 가치와 행위의도에 미치는 영향

Palmgreen과 Rayburn은 추구충족과 획득충족을 미디어 의존도, 미디어 노출 등을 예측하는 주요한 예측변수로 부각시켜 주었다.

이에 본 연구에서는 '기대가치이론'에 토대를 두고 모바일인터넷에 대한 추구충족요인이 모바일인터넷의 가치를 인식시키고, 궁극적으로 모바일인터넷에 대한 지속적인 이용의도를 갖게 하는 데 어떠한 영향을 미치는지 분석하였다.

모바일인터넷에 대한 추구충족요인(호기심 추구, 기분전환, 정보획득, 사회적 상호 작용, 이용의 편리성, 주식금융)을 독립변수로, 모바일인터넷에 대한 인지된 가치, 행위의도를 종속변수로 하여 다중회귀분석을 실시하였다. 먼저 추구충족이 '인지된 가치'에 미치는 영향에 대해 알아보았다. 이에 대한 분석 결과는 다음의 〈표-34〉에 제시하였다.

〈표-34〉 추구충족이 인지된 가치에 미치는 영향에 관한 다중회귀분석 결과

		B	표준오차	Beta	t	p
	(Constant)	.269	.501		.536	.592
	기분전환	2.785E-02	.020	.098	1.388	.166
인	이용의 편리성	5.419E-02	.025	.157	2.154	.032*
지	정보획득	1.833E-02	.027	.050	.688	.492
된	사회적 상호 작용	2.233E-02	.029	.055	.759	.448
	호기심 추구	5.431E-02	.025	.156	2.188	.029*
가	주식금융	.227	.044	.274	5.101	.000**
치	R^2			.346		
	F			26.155**		

**p<.01, p<.05.

종속변수가 모바일인터넷에 대한 '인지된 가치'일 경우, 모바일인터넷에 대한 추구충족요인 중 '이용의 편리성'(p<.05), '호기심 추구'(p<.05), '주식금융'(p<.01)이 유의미한 영향을 미치는 변수로 확인되었다. 한편, '기분전환', '정보획득', '사회적 상호 작용'은 유의미한 영향을 미치지 못하는 변수로 나타났다.

또한 Beta 값을 보면, 추구충족요인 중 '주식금융'(.274, p<.01)이 모바일인터넷에 대한 '인지된 가치'에 가장 영향력 있는 요인이며, 그 다음으로 '이용의 편리성'(.157, p<.01)과 '호기심 추구'(.156, p<.01) 순으로 인지된 가치에 영향을 주는 요인임을 알 수 있다.

따라서 본 회귀선은 모바일인터넷에 대한 추구충족요인이 모바일인터넷에 대한 인지된 가치에 영향을 미치는 과정에 대해 34.6%의 설명력을 가지며, 분산분석 모델 검정(F비)을 통해 유의미한 것(p<.01)으로 확인되었다.

다음으로 추구충족이 '행위의도'에 미치는 영향에 관해 살펴보았다. 이에 대한 분석 결과는 다음의 〈표-35〉에 제시하였다.

〈표-35〉 추구충족이 행위의도에 미치는 영향에 관한
다중회귀분석 결과

		B	표준오차	Beta	t	p
행동의도	(Constant)	2.766	.603		4.589	.000
	기분전환	6.210E-02	.024	.196	2.572	.011*
	이용의 편리성	6.860E-02	.030	.179	2.265	.024*
	정보획득	9.877E-03	.032	.024	.308	.758
	사회적 상호 작용	-7.278E-02	.035	-.161	-2.055	.051
	호기심 추구	9.615E-02	.030	.248	3.218	.001**
	주식금융	5.624E-02	.054	.061	1.051	.294
	R^2	.232				
	F	14.968**				

**p<.01, p<.05.

분석 결과, 종속변수가 모바일인터넷에 대한 '행위의도'일 때, 모바일인터넷에 대한 추구충족요인 중 '기분전환'(p<.05), '이용의 편리성'(p<.05), '호기심 추구'(p<.01)가 유의미한 영향을 미치는 변수로 확인되었다. 한편, '정보획득'과 '사회적 상호 작용', '주식금융'은 유의미한 영향을 미치지 못하는 변수로 조사결과 나타났다.

또한 Beta 값을 보면, 추구충족요인 중 '호기심 추구'(.248, p<.01)가 모바일인터넷에 대한 '행위의도'에 가장 영향력이 있는 요인이며, 그 다음으로 '기분전환'(.196, p<.01), '이용의 편리성'(.179, p<.05) 등의 순으로 행위의도에 영향을 주는 요인임을 알 수 있다.

따라서 본 회귀선은 모바일인터넷에 대한 추구충족이 모바일인터넷의 행위의도에 영향을 미치는 과정에 대해 23.2%의 설명력을 가지며, 분산분석 모델 검정(F비)을 통해 유의미한 것(p<.01)으로 확인되었다.

모바일인터넷에 대한 추구충족요인 중에서 '기분전환'은 모바일인터넷에 대한 인지된 가치에 유의미한 영향을 미치지 않는 것으로 나타났다(p>.05). 반면 '기분전환'은 모바일인터넷에 대한 행위의도에는 유의미한 영향을 미치는 것으로 나타났다(p<.05). 여기서 행위의도에 '기분전환'이 갖는 설명력은 모바일인터넷에 대한 추구충족요인 중 두 번째로 높았으며, 모바일인터넷에 대한 지속적인 이용의도를 갖는 데 중요한 영향을 미치는 요인임이 확인되었다.

모바일인터넷에 대한 추구충족요인 중에서 '이용의 편리성'은 모바일인터넷에 대한 인지된 가치에 유의미한 영향을 미치는 것으로 나타났다(p<.05). 특히 인지된 가치에 '이용의 편리성'이 갖는 설명력은 모바일인터넷에 대한 추구충족요인 중 두 번째로 높

았으며, 모바일인터넷의 가치를 인식하는 데 중요한 영향을 미치는 요인임이 확인되었다.

또한 '이용의 편리성'은 모바일인터넷에 대한 행위의도에도 유의미한 영향을 미치는 것으로 나타났다(p<.05). 행위의도에 '이용의 편리성'이 갖는 설명력은 모바일인터넷에 대한 추구충족요인 중 세 번째로 높았으며, 모바일인터넷에 대한 지속적인 이용의도를 갖는 데 영향을 미치는 요인임이 확인되었다.

모바일인터넷에 대한 추구충족요인 중에서 '정보획득'은 인지된 가치에 유의미한 영향을 미치지 않는 것으로 나타났다(p>.05). 또한 '정보획득'은 모바일인터넷에 대한 행위의도에도 유의미한 영향을 미치지 않는 것으로 나타났다(p>.05).

모바일인터넷에 대한 추구충족요인 중에서 '사회적 상호 작용'은 인지된 가치에 유의미한 영향을 미치지 않는 것으로 나타났다(p>.05). 또한 '사회적 상호 작용'은 모바일인터넷에 대한 행위의도에도 유의미한 영향을 미치지 않는 것으로 나타났다(p>.05).

모바일인터넷에 대한 추구충족요인 중에서 '호기심 추구'는 모바일인터넷에 대한 인지된 가치에 유의미한 영향을 미치는 것으로 나타났다(p<.05). 여기서 '호기심 추구'가 갖는 설명력은 모바일인터넷에 대한 추구충족요인 중 세 번째로 높았으며, 모바일인터넷의 가치를 인식하는 데 영향을 미치는 요인임이 확인되었다. 또한 '호기심 추구'는 모바일인터넷에 대한 행위의도에도 유의미한 영향을 미치는 것으로 나타났다(p<.01). 행위의도에 '호기심 추구'가 갖는 설명력은 모바일인터넷에 대한 추구충족요인 중 가장 높았으며, 모바일인터넷에 대한 지속적인 이용의도를 갖는 데 매우 중요한 영향을 미치는 요인임이 확인되었다.

모바일인터넷에 대한 추구충족요인 중에서 '주식금융'은 모바일인터넷에 대한 인지된 가치에 유의미한 영향을 미치는 것으로 나타났다(p<.01). 인지된 가치에 '주식금융'이 갖는 설명력은 모바일인터넷에 대한 추구충족요인 중 가장 높았으며, 모바일인터넷에 대한 지속적인 이용의도를 갖는 데 매우 중요한 영향을 미치는 요인임이 확인되었다. 반면 '주식금융'은 모바일인터넷에 대한 행위의도에는 유의미한 영향을 미치지 못하는 것으로 나타났다(p>.05).

전체적인 분석 결과, 모바일인터넷에 대한 '인지된 가치'와 '행위의도'에 때 영향을 미치는 요인에는 차이가 있었다. '인지된 가치'에 영향을 미치는 요인은 주식금융, 이용의 편리성, 호기심 추구 등이었으나 '행위의도'에 영향을 미치는 요인은 호기심 추구, 기분전환, 이용의 편리성이었다. 즉, 이용의 편리성, 호기심 추구요인은 모바일인터넷을 자신에게 중요한 매체로 인식하고, 모바일인터넷을 지속적으로 이용할 의도를 갖게 하는 데 모두 영향을 미치는 중요 요인이었다. 그러나 모바일인터넷을 자신에게 중요한 매체로 인식시키는 데는 주식금융 거래와 같은 분명한 목적을 가진 추구요인이 효과적인 요인으로 판명되었고, 모바일인터넷에 대한 지속적인 이용의도를 심어주는 데는 현재 모바일인터넷이 가진 가장 큰 특성이라 할 수 있는 오락적인 요소를 추구하고자 하는 동기가 효과적인 요인으로 확인되었다.

6) 이용자의 획득충족이 인지된 가치와 행위의도에
   미치는 영향

Palmgreen과 Rayburn은 추구충족과 획득충족을 미디어 의존도, 미디어 노출 등을 예측하는 주요한 예측변수로 부각시켜 주었다. 이에 본 연구에서는 '기대가치이론'에 토대를 두고 모바일인터넷에 대한 획득충족요인이 모바일인터넷의 가치를 인식시키고, 궁극적으로 모바일인터넷에 대한 지속적인 이용의도를 갖게 하는 데 어떠한 영향을 미치는지 분석하였다.

이를 검증하기 위해 모바일인터넷에 대한 획득충족요인(기분전환/호기심 추구, 이용의 편리성, 정보획득, 사회적 상호 작용, 주식금융)을 독립변수로, 모바일인터넷에 대한 인지된 가치, 행위의도를 종속변수로 하여 다중회귀분석을 실시하였다. 이에 대한 분석결과는 다음의 〈표-36〉에 제시하였다.

〈표-36〉 획득충족이 인지된 가치에 미치는 영향에 관한
다중회귀분석 결과

		B	표준오차	Beta	t	p
인지된 가치	(Constant)	.333	.441		.755	.451
	기분전환/호기심 추구	4.511E-02	.014	.250	3.258	.001**
	이용의 편리성	-2.855E-03	.025	-.009	-.112	.911
	정보획득	8.425E-02	.027	.242	3.159	.002**
	사회적 상호 작용	3.564E-02	.034	.085	1.041	.299
	주식금융	.162	.045	.195	3.597	.000**
	R^2	.373				
	F	35.381**				

**$p < .01$.

종속변수가 모바일인터넷에 대한 '인지된 가치'일 때, 모바일인 터넷에 대한 획득충족요인 중 '기분전환/호기심 추구'(p<.01), '정 보획득'(p<.01), '주식금융'(p<.01)이 유의미한 영향을 미치는 변수 로 확인되었다. 한편 '이용의 편리성'과 '사회적 상호 작용'은 유의 미한 영향을 미치지 않는 변수로 나타났다.

또한 Beta 값을 보면, 획득충족요인 중 '기분전환/호기심 추 구'(.250, p<.01)가 모바일인터넷에 대한 '인지된 가치'에 가장 영향 력 있는 요인이며, 그 다음으로 '정보획득'(.242, p<.01)과 '주식금 융'(.195, p<.01) 순으로 인지된 가치에 영향을 주는 요인임을 알 수 있다.

본 회귀선은 모바일인터넷에 대한 획득충족요인이 모바일인터 넷에 대한 인지된 가치에 영향을 미치는 과정에 대해 37.3%의 설 명력을 가지며, 분산분석 모델 검정(F비)을 통해 유의미한 것 (p<.01)으로 확인되었다.

다음으로, 종속변수가 모바일인터넷에 대한 '행위의도'일 경우, 모 바일인터넷에 대한 획득충족요인 중 '기분전환/호기심 추구'(p<.01), '이용의 편리성'(p<.05)이 유의미한 영향을 미치는 변수로 확인되었 다. 한편, '정보획득', '사회적 상호 작용', '주식금융'은 유의미한 영향 을 미치지 않는 변수로 나타났다.

〈표-37〉 획득충족이 행위의도에 미치는 영향에 관한
다중회귀분석 결과

		B	표준오차	Beta	t	p
행위의도	(Constant)	3.058	.541		5.653	.000
	기분전환/호기심 추구	6.769E-02	.017	.337	3.985	.000**
	이용의 편리성	6.211E-02	.031	.170	1.986	.048*
	정보획득	5.615E-02	.033	.145	1.716	.087
	사회적 상호 작용	-6.655E-02	.042	-.143	-1.585	.114
	주식금융	2.755E-02	.055	.030	.500	.618
R^2		.237				
F		18.463**				

**p<.01, p<.05.

또한 Beta 값을 보면, 획득충족요인 중 '기분전환/호기심 추구'(.337, p<.01)가 모바일인터넷에 대한 '행위의도'에 가장 영향력이 있는 요인이며, 그 다음은 '이용의 편리성'(.170, p<.01)이 행위의도에 영향을 주는 요인임을 알 수 있다.

본 회귀선은 모바일인터넷에 대한 획득충족이 모바일인터넷의 행위의도에 영향을 미치는 과정에 대해 23.7%의 설명력을 가지며, 분산분석 모델 검정(F비)을 통해 유의미한 것(p<.01)으로 확인되었다.

먼저, 모바일인터넷에 대한 획득충족요인 중에서 '기분전환/호기심 추구'는 모바일인터넷에 대한 인지된 가치에 유의미한 영향을 미치는 것으로 나타났다(p<.01). 여기서 인지된 가치에 '이용의 편리성'이 갖는 설명력은 모바일인터넷에 대한 획득충족요인 중 가장 높았으며, 모바일인터넷의 가치를 인식하는 데 매우 중요한 영향을 미치는 요인임이 확인되었다. 또한 '기분전환/호기심 추구'는 모바일인터넷에 대한 행위의도에도 유의미한 영향을 미치는

것으로 나타났다(p<.01). 행위의도에 '기분전환/호기심 추구'가 갖는 설명력은 모바일인터넷에 대한 획득충족요인 중 가장 높았으며, 모바일인터넷에 대한 지속적인 이용의도를 갖는 데 매우 중요한 영향을 미치는 요인임이 확인되었다.

모바일인터넷에 대한 획득충족요인 중에서 '이용의 편리성'은 모바일인터넷에 대한 인지된 가치에 유의미한 영향을 미치지 못하는 것으로 나타났다(p>.05). 반면 '이용의 편리성'은 모바일인터넷에 대한 행위의도에는 유의미한 영향을 미치는 것으로 나타났다(p<.05). 행위의도에 기분전환이 갖는 설명력은 모바일인터넷에 대한 획득충족요인 중 두 번째로 높았으며, 모바일인터넷에 대한 지속적인 이용의도를 갖는 데 중요한 영향을 미치는 요인임이 확인되었다.

모바일인터넷에 대한 획득충족요인 중에서 '정보획득'은 모바일인터넷에 대한 인지된 가치에 유의미한 영향을 미치는 것으로 나타났다(p>.05). 여기서 인지된 가치에 '정보획득'이 갖는 설명력은 모바일인터넷에 대한 획득충족요인 중 두 번째로 높았으며, 모바일인터넷에 대한 지속적인 이용의도를 갖는 데 중요한 영향을 미치는 요인임이 확인되었다. 반면 '정보획득'은 모바일인터넷에 대한 행위의도에는 유의미한 영향을 미치지 않는 것으로 나타났다(p>.05).

모바일인터넷에 대한 획득충족요인 중에서 '사회적 상호 작용'은 모바일인터넷에 대한 인지된 가치에 유의미한 영향을 미치지 않는 것으로 나타났다(p>.05). 또한 '사회적 상호 작용'은 모바일인터넷에 대한 행위의도에도 유의미한 영향을 미치지 않는 것으로 나타났다(p>.05).

모바일인터넷에 대한 획득충족요인 중에서 '주식금융'은 모바일인터넷에 대한 인지된 가치에 유의미한 영향을 미치는 것으로 나타났다(p<.01). 여기서 인지된 가치에 '주식금융'이 갖는 설명력은 모바일인터넷에 대한 획득충족요인 중 세 번째로 높았으며, 모바일인터넷에 대한 지속적인 이용의도를 갖는 데 영향을 미치는 요인임이 확인되었다. 반면 '주식금융'은 모바일인터넷에 대한 행위의도에는 유의미한 영향을 미치지 못하는 것으로 나타났다(p>.05).

분석 결과, 모바일인터넷에 대한 '인지된 가치'와 '행위의도'에 때 영향을 미치는 요인에는 차이가 있었다. '인지된 가치'에 영향을 미치는 요인은 기분전환/호기심 추구, 정보획득, 주식금융이었으나, '행위의도'에 영향을 미치는 요인은 기분전환/호기심 추구, 이용의 편리성이었다. 즉, 기분전환/호기심 추구요인은 모바일인터넷을 자신에게 중요한 매체로 인식하고, 모바일인터넷을 지속적으로 이용할 의도를 갖게 하는 데 모두 영향을 미치는 중요 요인이었다. 그러나 모바일인터넷을 자신에게 중요한 매체로 인식시키는 데는 정보획득이나 주식금융 거래와 같은 분명한 목적을 가지고 모바일인터넷을 이용했을 때 충족된 요인이 효과적인 요인으로 판명되었고, 모바일인터넷에 대한 지속적인 이용의도를 심어주는 데는 모바일인터넷 이용에 있어서 쉽고 편하게 이용할 수 있다는 특성과 시간과 공간에 구애받지 않고 이용할 수 있다는 특성 등의 '이용의 편리성' 요인이 효과적인 요인으로 확인되었다.

다음으로, 모바일인터넷에 대한 추구충족과 획득충족요인이 모바일인터넷에 대한 인지된 가치와 행위의도에 미치는 전체적인 영향관계를 알아보기 위해 추구충족의 총합/획득충족의 총합과 모바일인터넷에 대한 인지된 가치/행위의도 간의 상관관계 분석

을 실시하였다. 이에 대한 분석 결과는 다음의 〈표-38〉에 제시하
였다.

〈표-38〉 모바일인터넷에 대한 추구충족-획득충족과 인지된 가치,
행위의도 간 상관관계

	추구충족 총합	획득충족 총합
인지된 가치 총합	.581**	.617**
행위의도 총합	.464**	.494**

** 상관계수가 .01 수준에서 유의: P<.01 (2-tailed).

모바일인터넷에 대한 추구충족/획득충족과 모바일인터넷에 대
한 인지된 가치/행위의도 간의 관계는 모두 정(positive)의 관계였
으며, 모든 요인 간에 유의미한 상관관계가 나타났다(p<.01). 특히
모바일인터넷에 대한 '획득충족과 인지된 가치'(r=.617, p<.01) 간
에 가장 높은 상관관계가 나타나, 모바일인터넷에 대한 기대 욕구
가 충분히 충족된 이용자일수록 모바일인터넷을 자신에게 꼭 필
요한 매체라고 인식하고 있음을 알 수 있다. 이는 본 연구에서 주
요 모델로 상정하고 있는 기대가치이론의 주장을 뒷받침해 주는
결과로 볼 수 있다.

그리고 모바일인터넷에 대한 추구충족보다는 획득충족이 인지
된 가치와 행위의도에 더 많은 영향을 미치고 있었으며, 추구충족
과 획득충족은 모바일인터넷에 대한 행위의도보다 인지된 가치에
상대적으로 많은 영향을 미치고 있는 것으로 나타났다. 이는 연구
가설 H3을 통해 인지된 가치가 행위의도에 많은 영향을 미치고
있음을 확인했듯이, 모바일인터넷의 가치를 인지하는 과정이 모바

일인터넷에 대한 실제 이용을 유도하는 행위의도보다 먼저 형성되며, 이렇게 먼저 형성된 인지된 가치는 지속적인 이용의도를 결정하는 데 직접적인 영향을 미치기 때문인 것으로 해석할 수 있겠다.

제6장 결 론

1. 논의와 시사점

'디지털 혁명'이라는 단어로 요약되는 정보통신기술의 발전은 인류의 삶의 방식에 지대한 변화를 초래하고 있다. 월드와이드웹(WWW)으로 상징되는 인터넷이 각광받기 시작한 것은 최근이 일이지만, 이미 인터넷은 우리의 생활 속에 깊이 파고들어 인터넷이 없는 생활은 상상하기 힘들 정도로 우리 생활의 일부로 인식되고 있는 실정이다. 특히 개인용 컴퓨터와 인터넷의 폭발적인 보급과 발전은 전자상거래와 E-Business로 요약되는 지식과 정보에 기반을 둔 비즈니스의 변화, 정보공유를 통한 사이버 세계의 활성화, 언론이나 방송 등을 대체할 새로운 미디어로서의 역할 등 정치, 경제, 문화적 관점에서 인간의 삶에 혁신적인 변화를 가져왔다.

이러한 변화 속에서 이동통신의 발달과 더불어 등장한 모바일인터넷은 시공간을 초월한 인터넷 접근이라는 새로운 기회를 창출하고 있다. 즉, 모바일인터넷을 통해 기존 컴퓨터 기반의 유선인터넷에서 탈피하여 시간과 공간의 제약 없이 인터넷에 접속하는 것이 가능해져 자유롭고 편리하게 정보를 이용할 수 있게 된 것이다. 그리고 이용자와의 관계가 매우 밀접하기 때문에 더욱 개인화된 서비스를 제공받을 수 있게 되었다.

이러한 특징으로 인해 많은 조사에서 모바일인터넷의 폭발적인 성장세를 예상하고 있다. 특히, Gartner Consulting Group에서는

2000년에서 2010년까지의 주도 기술로 XML, Bluetooth, Webtop,
WAP, E-Cash 등 모바일인터넷 관련 요소 기술들을 그 핵심으로
선정한 바 있으며, 모바일인터넷 이용자는 2003년에는 6억 명에
이를 것이라고 전망하고 있다. 우리나라의 모바일인터넷 이용자
역시 2003년 6월 말 현재 이동통신 가입자는 3,300만 명 중 91%
인 3,000만 명이 모바일인터넷이 가능한 단말기를 소지하고 있으
며, 정기적으로 모바일인터넷에 접속하여 콘텐츠나 전자상거래 등
을 이용하는 실사용자 수는 2002년 9월 현재 32.3%로 2002년 3월
대비 4.9포인트인 160만 명이 증가하여 꾸준한 성장세를 보여주고
있다.

　하지만 모바일인터넷의 양적인 성장에도 불구하고, 모바일인터
넷이 확산되면서 이용자 욕구가 어떠한 변화 경향을 보이고 있는
지에 대한 연구는 거의 진행된 바 없다. 나아가 어떠한 수용결정
요인들이 모바일인터넷의 이용에 영향을 주고 있으며, 그 요인들
이 이용자들로 하여금 어떠한 충족을 제공하는지에 대한 연구는
미비한 실정이다. 이에 본 연구에서는 정보기술수용모형에서 컴퓨
터나 새로운 정보시스템 사용을 설명했던 동기부여 변수들을 모
바일인터넷 환경에서 확장·적용하고 그 변수들이 모바일인터넷
의 수용에 미치는 영향을 파악하고자 하였으며, 기대가치이론이
상정하는 모바일인터넷에 대한 기대요인(추구충족: GS)과 충족요
인(획득충족: GO) 간의 상호 연계성을 밝히고, 기대요인과 충족
요인에 따른 실제 모바일인터넷의 이용의도의 차이를 알아보았다.

　모바일인터넷의 수용과 관련된 선행연구들을 보면, 주로 정보기
술수용모형이나 개혁확산이론을 기초로 단순히 모바일인터넷의
수용에 미치는 영향요인을 밝히는 데 초점을 맞추고 있을 뿐 이

용자들이 모바일인터넷을 이용하는 이유(기대요인)와 그에 따른 충족 정도(충족요인)에 따른 영향요인의 차이에 관한 연구는 미비하였다.

이에 본 연구는 모바일인터넷 수용결정요인을 규명해 내고, 모바일인터넷의 수용결정요인과 모바일인터넷에 대한 기대(추구충족), 그에 대한 충족(획득충족) 간의 관계 및 기대요인과 충족요인 간의 상호 연계성을 밝히고, 모바일인터넷에 대한 기대와 충족이 실제 모바일인터넷 사용에 미치는 영향관계를 파악하고자 하였다. 이를 위해 기존의 국내·외 모바일인터넷에 관련한 문헌들에서 본 연구모형에 포함된 개념들을 추출하여 측정할 수 있는 설문항목으로 구성하고, 모바일인터넷 이용 경험이 있는 실제 이용자를 대상으로 실증적 분석을 시도하였다.

이러한 접근을 통해 얻은 연구결과를 바탕으로 본 연구의 시사점을 정리하면 다음과 같다.

첫째, 모바일인터넷 서비스 제공에 있어서 다른 매체와의 차별화된 전략이 필요하다. 본 연구결과에 의하면, 이용자들은 모바일인터넷 수용에 있어서 '유용성' 요인을 다른 요인들보다 가장 중요하게 생각하고 있었다. 실제로 현재 모바일인터넷 서비스에서 가장 인기를 모으고 있는 캐릭터/벨소리 다운로드는 기존의 다른 매체보다 모바일인터넷의 특성을 가장 잘 활용한 서비스이기 때문에 인기를 끄는 것이라고 할 수 있다. 모바일인터넷의 특성을 살린 위치정보 서비스의 사용이 확대되고 있는 것도 다른 매체와의 차별적인 가치를 전달해 줄 수 있기 때문인 것으로 추측할 수 있다. 또한 모바일인터넷을 언제, 어디서나 자유롭게 이용할 수 있다는 편리성도 모바일인터넷을 다른 매체와 차별화시킬 중요한

요인이 될 수 있음을 의미한다. 따라서 유선인터넷이나 다른 매체
가 가지지 못하는 모바일인터넷의 특성을 반영한 차별화된 서비
스와 콘텐츠의 개발이 무엇보다 중요함을 시사하고 있다.

둘째, 모바일인터넷 수용을 늘리기 위해서는 광고 및 홍보활동
을 적극 활용해야 한다. 기존의 모바일인터넷 관련 연구들에서 '사
회·문화적 영향'이 다른 요인들에 비해 그리 많은 영향력을 가진
요인이 아닌 것으로 나타난 것과는 달리, 본 연구에서는 사회·문
화적 영향이 모바일인터넷 수용에 상당한 영향을 미치는 것으로
확인되었다. 이는 최근 들어 모바일인터넷 이용이 급속히 증가함
에 따라 모바일인터넷과 관련한 정보수집이 용이해졌으며, 벨소리
/캐릭터, 게임 등과 같이 겉으로 드러나는 서비스의 이용이 많아
짐에 따라 자기만의 개성을 중시하는 이용자의 욕구를 자극하고
있기 때문으로 해석할 수 있다. 본 연구결과에 의하면, 현재 모바
일인터넷 이용자들은 광고나 주변 사람 등의 외부적인 영향을 많
이 받는 것으로 확인되었다. 따라서 새로운 콘텐츠나 서비스에 대
한 무료이용의 기회나 특별 이벤트 활동 등 다양한 경로의 모바
일인터넷의 체험을 통하여 모바일인터넷 이용을 유도하고 이들의
구전효과를 활용함으로써 이를 확산시켜 나갈 수 있는 방향을 모
색해야 할 것이다.

셋째, 모바일인터넷의 기분전환이나 호기심 추구 욕구를 겨냥한
서비스의 꾸준한 개발이 이루어져야 한다. 본 연구결과에 의하면,
모바일인터넷이 갖는 오락적 요소는 모바일인터넷이 제공하는 다
양한 서비스에도 불구하고 여전히 이용자에게 가장 중요한 기대
서비스 항목임이 확인되었다. 이는 이용자들이 모바일인터넷을 정
보획득이나 학업·업무 능률향상 등과 같은 특정한 목적달성을

위해 이용하려는 의도보다 단순히 재미와 즐거움을 얻고자 하는
동기가 강한 것으로 해석된다. 또한 본 연구는 모바일인터넷을 통
해 기분전환이나 호기심 추구 욕구에 대해 충분히 충족감을 느낀
이용자는 모바일인터넷을 계속해서 이용할 의사를 가지고 있음을
보여주었다. 이는 모바일인터넷을 통해 얻는 재미와 즐거움에 대
한 충족감이 다른 어떤 충족감보다도 모바일인터넷에 대한 지속
적인 이용을 유도할 수 있는 충족요인임을 암시하는 것이라 할
수 있다. 따라서 이용자들의 즐거움이라는 요소를 만족시켜 줄 수
있는 모바일인터넷 서비스의 개발이 중요하다는 것을 시사한다
하겠다.

다음으로, 본 연구가 모바일인터넷 수용과 관련해 실증적 분석
을 통해 밝혀낸 결과를 토대로 학문적 의의를 제시하면 다음과
같다.

첫째, 기존의 정보기술수용모형과 혁신확산이론 등 문헌고찰을
통해 모바일인터넷 수용을 보다 잘 설명할 수 있는 변인들을 추
출하고 이를 실증분석을 통해 검증함으로써 기존의 정보기술수용
모형의 확장을 꾀하였으며, 기대가치이론의 기대요인(추구충족)과
충족요인(획득충족)의 개념을 도입하여 모바일인터넷 환경에서 두
요인 간의 상호 연계성을 밝히고, 모바일인터넷 수용결정요인과
이용자들의 기대요인 및 충족요인에 따른 모바일인터넷 이용의도
의 차이를 파악했다는 점에서 의의를 찾을 수 있다.

둘째, 종속변수의 구성에 있어서 모바일인터넷에 대한 가치평가
(인지된 가치)와 모바일인터넷에 대한 지속적인 이용의도(행위의
도)의 2항목으로 구분한 복수지표를 사용하여 이 두 변수가 서로
다른 요인에 의해 영향을 받는다는 기초적인 근거를 제시하였다.

또한 경로분석(Path Analysis)을 통해 모바일인터넷 대한 인지된 가치가 행위의도에 미치는 간접적인 영향 즉, 독립변수들이 행위 의도에 영향을 미치는 과정에서 인지된 가치가 하고 있는 매개변 인으로써의 영향력을 밝혀냈다.

셋째, 모바일인터넷 관련 산업에 효율적인 방안을 제공하고 있 다. 앞서 제시한 본 연구의 시사점에서도 지적했듯이, 모바일인터 넷에 대한 성능이나 용량을 늘리는 것에만 초점을 두기보다는 다 른 매체가 가지지 못하는 모바일인터넷만의 특성을 반영한 차별 화된 서비스와 콘텐츠의 개발에 주력해야 한다. 특히 이용자들의 오락적 욕구를 자극할 수 있는 서비스의 개발이 무엇보다 효과적 일 수 있다는 제언이 가능하다.

2. 연구의 한계점 및 제언

본 연구는 모바일인터넷 수용결정요인을 규명하고, 모바일인터 넷에 대한 기대, 그에 대한 충족 간의 관계 및 기대요인과 충족요 인 간의 상호 연계성을 밝히며, 모바일인터넷에 대한 기대와 충족 이 실제 모바일인터넷 사용에 미치는 영향관계를 파악하고자 하 였다. 이를 위해 기존의 국내·외 모바일인터넷에 관련한 문헌들 에서 본 연구모형에 포함된 개념들을 추출하여 측정할 수 있는 설문항목으로 구성하고, 모바일인터넷 이용 경험이 있는 실제 이 용자를 대상으로 실증적 분석을 시도하였다.

그러나 이러한 진행 과정에 있어, 본 연구는 다음과 같은 한계점을 갖는다.

첫째, 주관적 측정(자기보고)과 실제 이용도가 일치하는가라는 문제로 시스템 사용을 객관적으로 정확하게 측정하기 어렵다는 특성에 기인한다. 시스템 사용변수가 개념화되고 조작화되는 방식에서 많은 차이가 있으며 이용도가 대부분 주관적 인지나 자기보고를 통한 이용도를 측정하고 있지만 객관적 측정과 관련성이 떨어진다고 대부분의 정보기술수용모형 연구에서 한계로 언급되고 있다. 따라서 향후 연구에서는 시스템 사용을 보다 객관적으로 측정할 수 있는 방법을 고안해야 할 것이다.

둘째, 측정변수에 있어서의 문제로 본 연구에 사용된 변수 중 '적합성'과 '즉시 접속성'은 여러 문헌에서 하나의 중요한 요인으로 언급되었음에도 불구하고 요인분석 결과 하나의 요인으로 추출되지 못했다. 이러한 원인으로는 앞서 지적했던 것처럼 상호 호환성의 개념이 폭넓고 모호하기 때문에 모바일인터넷에서는 분명하게 나타나지 않았을 수도 있다. 따라서 향후 연구에서는 상호 호환성 개념과 개념에 따른 조작적 정의를 분명히 할 필요성이 있다. 또한 '인지된 비용(Perceived Sacrifice)' 변수의 경우 본 연구에서는 문항 간 신뢰성 측면에서 적정 수준의 신뢰성을 확보하지 못한 것으로 나타났다. 향후 연구에서는 이점을 보완할 수 있도록 보다 다양한 방법에서의 사전 테스트가 실시되어야 할 것이다.

셋째, 표본 선정에 있어 일반적인 모바일인터넷 이용자 구성 비율에 따른 조사대상자의 분포가 확보되어야 하나 모바일인터넷 이용 경험이 있는 서울·경기 거주자만을 대상으로 실시하였기 때문에 전체 모바일인터넷 이용자를 대표한다고 보기는 어려운 한계를 지닌다. 또한 조사대상을 10대, 20대, 30대로 한정하고 있어 제외된 다른 연령대에 대한 조사결과가 반영되지 못한 것도 연구의 한계점이라 하겠다. 따라서 향후 연구에서는 적절한 표본 선정이 이루어져야 할 것이다.

넷째, 횡단적(cross-sectional) 연구에서 오는 한계이다. 어떤 정보기술에 대한 영향변수들은 시간의 흐름에 따라 이들 변수에 대한 이용자의 지각 정도 및 이용도와의 인과관계가 변화할 수 있다. 따라서 향후 연구에서는 시간의 흐름에 따른 변수들의 영향을 측정할 수 있는 방안을 충분히 고려해야 할 것이다.

이에 본 연구의 결과를 토대로 앞으로의 후속 관련 연구방향을 제시하면 다음과 같다.

첫째, 모바일인터넷 사용에 대한 추가적인 요인에 대한 발굴과 이에 따른 모델의 확장이 진행되어야 한다. 시스템이나 서비스를 이용하는 요인으로는 본 연구에서 지적한 요인 외에도 금전적인 면과 브랜드 인지된 측면 등 여러 요소들이 있다. 따라서 향후 연구에서는 이러한 요인들과 모바일인터넷 사용과의 복합적인 연구가 진행되어야 할 것이다.

둘째, 본 연구모형을 구조방정식모형으로 변환하여 독립변수, 매개변수, 종속변수들 간의 인과관계와 직·간접 효과를 비교해봄으로써 보다 다양한 해석과 연구결과들을 제시해보는 것도 의미가 있을 것이다.

셋째, 모바일인터넷의 가치를 모바일인터넷에 대한 가치평가와 모바일인터넷에 대한 지속적인 이용의도로 한정시키지 않고 모바일인터넷 기업경영의 자산으로 평가하는 연구도 계속되어야 할 것이다.

참고문헌

1. 국내 문헌

(1) 단행본 및 번역서

Maslow, A. H.(1970), *Motivation and Personality* 2nd Edition(New York: Harper & Row). 오석홍(1993), 「조직이론」(서울: 박영사).

McLuhan, M.(1966), *Understanding Media: The Extension of Man*(New York: McGraw-Hill). 박정태 역(1999), 「미디어의 이해」(서울: 커뮤니케이션북스).

McQuail D.(1997), *Audience Analysis*(CA: Sage). 박창희 역(1999), 「수용자 분석」(서울: 커뮤니케이션북스).

McQuail, D.(2000), *McQuail's Mass Communication Theory*, 4th edit(London: Sage Publications). 양승찬, 강미은, 도준호 공역(2002), 「매스커뮤니케이션 이론」(서울: 나남).

Neuman, R. W.(1991), *The Future of the Mass Audience*(New York: Routledge). 전석호 역(1995), 「뉴미디어와 사회변동」(서울: 나남).

Roger, E. M.(1983), *Diffusion of Innovations*, 3th Edition(New York: The Pree Press). 서정우, 최선열 공역(1983), 「개혁커뮤니케이션론」(서울: 박영사).

Rosengren, K. E. & Windahl, S.(1996), "Mass Media Consumption as a Functional Alternative", in McQuail, D.(eds.), *Sociology of Mass Communication*(Harmondsworth: Penguin). 임상원, 유정원 공역(2001), 「커뮤니케이션 모델」(서울: 나남).

W. 디저드, 이민규 역(1997), 「올드미디어 뉴미디어」(서울: 나남).

김두섭, 강남준 공저(2000), 「회귀분석 - 기초와 응용」(서울: 나남).

김윤호, 황홍선, 박준호 공저(2003), 「모바일 콘텐츠 비즈니스로 가는 성공 로드맵」(서울: 비비컴).

김충남(2003), 「차세대 무선인터넷 서비스」(서울: 전자신문사).

김흥규(1997), 「사회과학통계분석」(서울: 나남).

노베나 유타카 저, 이양종, 유주현 공역(2000), 「모바일 커머스」(서울: 대청).

니콜라스 네그로폰테 저, 백욱인 역(1999), 「디지털이다」(서울: 커뮤니케이션북스).

로저 피들러 저, 이민규 역(1999), 「미디어모포시스」(서울: 커뮤니케이션북스).

마크 포스터 저, 김성기 역(1996), 「뉴미디어의 철학」(서울: 민음사).

_____, 이미옥, 김준기 공역(1998), 「제2미디어 시대」(서울: 민음사).

무선인터넷백서편찬위원회(2000), 「무선인터넷 백서 2001」, (서울: 소프트뱅크정보시대).

박기홍 외(2000), 「디지털 경제와 인터넷 혁명」(서울: 을유문화사).

박창헌, 송민정(1999), 「정보 컨텐트 산업의 이해」(서울: 커뮤니케이션북스).

성동규(2002), 「사이버 커뮤니케이션」(서울: 세계사).

_____, 라도삼(2000), 「인터넷과 커뮤니케이션」(서울: 한울).

손 용(1983), 「텔리커뮤니케이션론: 정보사회의 뉴미디어」(서울: 세영사).

송민정(2001), 「인터넷 콘텐츠 산업론」(서울: 진한도서).

스티브존스 편, 이재현 역(2000), 「인터넷 연구 방법」(서울: 커뮤니케이션북스).

심상민(2002), 「미디어는 콘텐츠다」(서울: 김영사).

오택섭(1998), 「사회과학 데이터 분석법」(서울: 나남).

윤준수(1998), 「인터넷과 커뮤니케이션 패러다임의 대전환」(서울: 커뮤니케이션북스).

이상철(2002), 「언론문화론」(서울: 일지사).

_____(1999), 「커뮤니케이션 발달사」(서울: 일지사).

이정춘(1994), 「매스미디어 효과이론」(서울: 나남).

_____(2003), 「미디어와 사회」(서울: 이진출판사).

이정환(2001), 「Mobile Beginner's Guide」(서울: 삼양출판사).

전석호(1998), 「한국사회와 정보화」(서울: 나남).

_____(2002), 「정보사회론」(서울: 나남).

정충영, 최이규 공저(1998), 「SPSSWIN을 이용한 통계분석」(서울: 무역경영사).

정호영, 강성문(2002), 「디지털 콘텐츠 매니지먼트」(서울: 이비컴).

(주)하쿠호도 인터랙티브 컴퍼니 저, 이혁재, 손형수, 김영한 공역(2001), 「모바일 마케팅」(서울: 굿모닝미디어).

차배근(1997), 「매스커뮤니케이션 효과이론」(서울: 나남).

채서일(198), 「사회과학 조사방법론」(서울: 학현사).

콘텐츠비즈니스연구소 저, 조선일보출판부 역(2000), 「콘텐츠 비즈
니스 아는 만큼 돈이 보인다」(서울: 조선일보사).

한국인터넷정보센터(2002), 「무선인터넷 이용현황 및 실태조사」.

(2) 연구논문 및 학위논문

권혁남(1991), "수용자 개념의 변화와 효과이론", 한국방송광고공
사, 「광고연구」, 제32권, 가을호.

김상범(2001), "모바일인터넷 현황과 향후 전망", KISDI Weekly,
Vol.01.

김상택(2000), "Mobile Contents의 발전방안", 「Telecommunic-
ations Review」(제10권 제6호), SK텔레콤.

김신동(2001), "이동전화 확산에 영향을 준 사회문화적 요인", 한국
언론학회 편, 「한국언론학보」, 제45권 제2호.

김용수(2000), "무선인터넷의 현황과 전망", 「삼성 SDS IT Review」.

김인재, 이정우(2001), "무선인터넷 서비스 수용의 영향요인에
관한 연구", 「Information Systems Review」(제3권 제1호),
한국경영정보학회.

김재윤(2001), 「무선인터넷 비즈니스의 이해」, 삼성경제연구소.

김호영, 김진우(2002), "모바일인터넷의 사용에 영향을 미치는 중
요 요인에 대한 실증적 연구", 「경영정보학연구」(제12권),
한국경영정보학회.

나은영(2001), "이동전화 채택에 영향을 미치는 이동전화 커뮤니
　　　케이션의 매체적 속성에 관한 연구, 한국언론학회, 「한국언
　　　론학보」, 제45권 제4호.

　　　(1994), "태도 및 태도변화 연구의 최근 동향", 「한국심리
　　　학회지」, 제8권 제3호.

남찬기, 이중만, 이형직(2002), "차세대 이동통신 서비스 시장수요
　　　에 관한 연구", 「정보사회연구」.

문남미, 김효근, 김지성(2000), "웹사이트 콘텐츠 특성이 웹사이트
　　　성과에 미치는 영향요인에 관한 연구, 「한국멀티미디어학회
　　　지」(제4권 제1호), 한국멀티미디어학회.

문형돈, 이재환(2002), "국내외 무선인터넷 시장 동향", 「전자통신동
　　　향분석」(통권 제75호, 제17권, 제3호), 한국전자통신연구소.

문형철(2000), "무선인터넷 콘텐츠 마케팅", 「한국통신엠닷컴」,
　　　한국통신 무선인터넷팀.

박종민, 오종환(2001), "인터넷과 TV의 매체 속성과 이용 동기에
　　　관한 수용자 연구", 「언론과학연구」.

박진현, 구자춘(2001), "무선인터넷 서비스 시장의 국내·외 동향
　　　과 시사점", 「정보통신정책」(제13권 제3호, 통권 272호).

박찬원(2000), "인터넷 사용행동에 관한 이중경로 모형", 고려대학
　　　교 박사학위논문.

배진한(2001), "이동전화의 충족과 대인 커뮤니케이션 매체로서의
　　　이동전화의 적합성 인식", 한국언론학회 편, 「한국언론학보」
　　　(제45권, 제4호).

삼성경제연구소(2001), "무선인터넷 비즈니스의 이해".

서건수(1994), "최종 이용자 컴퓨팅에서의 환경요인, 태도, 정보시스템 사용간의 관계", 한국과학기술원 박사학위논문.

성동규, 조윤경(2002), "새로운 커뮤니케이션 테크놀러지로서 무선인터넷 연구", 한국언론학회, 「한국언론학회 봄철 정기학술대회 자료집」.

_____, _____(2002), "이동전화 이용자의 집단적 특징에 따른 이용 유형 연구", 「한국언론학보」(제46-6호).

신성문(2001), "국내 모바일인터넷 이용자 특성분석", 「KISDI IT FOCUS」, 정보통신정책연구원, 2001.

심상민(2002), "콘텐트 비즈니스의 새 흐름과 대응전략", 삼성경제연구소 연구보고서.

안종배(2002), "무선인터넷 마케팅 현황과 발전방안 연구", 「대학원논문집」(제28집), 경기대학교.

안현택 외(2000), "무선인터넷 수요전망 및 활성화 방안", 정보통신정책학회 2000년도 하계정책 세미나 자료집.

야마우치 다이스케(2002), "일본 무선인터넷 이용자 스타일 분석", 「m·톡」.

양희동, 최인영(2001), "사회적 영향이 정보시스템 수용에 미치는 영향", 「경영정보학연구」, 제11권 제3호.

여인갑(192), "정보기술수용모형", 광운대학교 박사학위논문.

오택섭, 김대식, 강미선(2000), "컴퓨터 매개 커뮤니케이션 이용자들의 이용 특성에 관한 연구", 「사이버커뮤니케이션학보」.

유효식, 최 훈, 김진우(2002), "정보가전의 기술 수용에 관한 실증적 분석", 「경영정보학 연구」(제12권 제2호).

은혜정, 나은영(2002), "인터넷에서 추구하는 충족(GS)와 획득된 충족(GO) 및 이용행동 간의 관계", 「한국언론학보」, 제46-3호.

_____, _____, 주창윤(2001), "인터넷 시대 수용자 연구 – 수용자의 능동성을 중심으로", 「연구보고서」, 한국방송진흥원.

이경아(2002), "웹사이트 수용에 영향을 미치는 요인에 관한 연구", 한국외국어대학교 박사학위논문, 2002.

이광철, 김성용(2001), "무선인터넷 시장에 관한 연구", 「경영연구」(제26집), 홍익대학교 경영연구소.

이성재, 안재현, 이동주(2001), "위치기반 무선인터넷 정보의 가치평가 및 서비스 제공전략", 「Telecommunication Review」 Vol.11, No.2, 2001.

이인성 외(2001), "모바일인터넷 서비스 시장의 변화 추세에 관한 연구", 「Information System Review」, 제3권 제1호.

이창현(1993), "이용과 충족에서의 '기대 – 가치충족' 구성개념에 대한 타당성 검증", 서울대학교 박사학위논문, 1993.

장활식, 김종기, 오창규(2002), "웹의 상호 작용 특성을 반영한 정보기술수용모형", 「경영정보학연구」(제12권 제4호), 한국경영정보학회.

정근영(2001), "무선인터넷 서비스 시장분석", 「한국기업경영학회지」.

정보통신부(2001), "IMT-2000 경쟁력 강화 및 무선인터넷 활성화 정책 연구", 한국전자통신연구원 연구보고서.

정보통신정책연구원(2001a), "무선통신 및 데이터통신 활성화에 따른 정책방안 연구", 「연구보고 01-51」.

정보통신정책연구원(2001b), 무선인터넷 산업현황 및 전망.

정보통신정책연구원(2002), "통신서비스산업의 경제적 파급 효과", 「연구보고 02-20」.

조대우, 황경연(2001), "기술수용모델을 이용한 인터넷 뱅킹 이용의 도 결정요인분석", 「한국경제경영연구」, 제1권 제1호, 2001. 6.

진재영(2003), "국내 무선인터넷 시장 활성화를 위한 제언", 「정보통신정책」(제15권, 제13호 통권328호), 정보통신정책연구원.

최 훈, 최민석, 김진우(2002), "양 방향 TV 실사용자의 수용행위에 관한 실증적 연구", 한국 경영정보학회 춘계 학술대회.

하태정(2001a), "해외 무선인터넷 서비스 동향 및 시사점", 「연구보고서」, LG경제연구원.

_____(2001b), "국내 무선인터넷 시장의 진단과 전망", 「LG주간경제」, LG경제연구원.

한국인터넷정보센터(2002), "무선인터넷 이용현황 및 실태 조사".

한국전자통신연구소(2002), "국내외 무선인터넷 시장 동향", 「전자통신동향분석」(통권 75호, 제17권, 제3호).

한국전자통신연구원(2001), 「50대 전략분야 기술/시장 보고서: 무선인터넷」.

홍명신(2002), "노년층 인터넷 이용자의 기대가치 충족 연구", 경희대학교 박사학위논문.

2. 외국 문헌

(1) 단행본

Ajzen, I.(1985), "From Intentions to Actions: A Theory of Planeed Behavior", in *Action Control: From Cognition to Behavior*, Kuhl, J. & Beckmann, J.(eds.), Springer Verlag(New York: Sage).

_____ & M. Fishbein(1980), *Understanding Attitudes and Predicting Social Behavior*(Ptentice-Hall, Englewood Cliffs, NJ.).

ARC Group(2001), "*Wireless Internet Platforms: Markets, Technologies & Business Strategies*, December".

ARC Group(1999), *Wireless Internet Applications, Technology & Player Strategies Worldwide Market & Technology Development 1999-2004.*

Blumler, J. G. & McAuail, D.(1969), *Television in Politics*(Chicago, IL.: University of Chicago Press).

Edward S. H. & R. W. McChesney(1997), *Global Media: The New Missionaries of Corporate Capitalism*(London: Cassell).

Fidler, R.(1997), *Mediamorphosis: Understanding New Media*(Thousand Oaks, CA: Pine Forge Press).

Fishbein, M. & Ajzen, I.(1980), *Understanding Attitudes and*

Predicting Social Behavior(New Jersey: Prentice-Hall, Inc.).

Forrester Research(2000), *Latent Demand for a Wireless Web.*

Greenberg, B. S.(1974), "Gratification of Television Viewing and Their Correlates for British Children", in Blumler, J. G. & Katz, E.(eds.), *The Uses of Mass Communication: Current Perspectives on Gratification Research*(Beverly Hills, CA: Sage).

IDATE(2001), *The World Atlas of Mobiles-2001 edition.*

James R. W. & Douglas, A. F.(1998), *The Broadcast Television Industry*(Boston etc: Allyn and Bacon).

Lasswell, H. D.(1948), "The Structure and Function of Communication in Society", in Bryson, L.(eds.), *The Communication of Idea*(New York: Harper).

Mary, B. C. & Molefi, K. A.(1979), *Mass Communication-Principles and Practices*(New York: Macmillan Publishing Co., Inc.).

McLeod J. M. & B. Becker(1981), "The Uses and Gratifications Approach", In D. D. Nimmo and K. R. Sanders(eds.) *Handbook of Political Communication*(CA: Sage).

McLeod, J. M. & Becker, L. B.(1981), "The Uses and Gratifications Approach", in Nimmo, D. D. & Sanders, K. R.(eds.), *Handbook of Polotical Communications*(Beverly Hills, CA: Sage).

McQuail, D., Blumler, J. & Brown, J.(1972), "The Television Audience: A Received Perspective", in McQuail, D.(eds.),

Sociology of Mass Communication(Harmondsworth: Penguin).

McQuail. D. & Windahl, S.(1981), *Communication Models for the Study of Mass Communication*(London: Longman).

Nielsen J.(1993), *Usability Engineering*(New York: Academic Press).

Peled, T. & Katz, E.(1974), "Media Functions in Wartime: The Israel Home Front in October", in Blumler, J. G. & Katz, E.(eds.), *The Use Mass Communication: Current Perspectives on Gratification Research*(Beverly Hills, CA: Sage).

Petty, R. E. & Cacioppo, J. T.(1983), *Attitudes and Persuation: Classic and Contemporary Approaches*, 3rd edition(Dubuque, Iwoa: Wm. C. Brown Company Publishers).

Rogers, E. M.(1995), *Diffusion of Innovations*, 4th Edition(New York: Free Press).

Rosengren, K. E. & Windahl, S.(1972), "Mass Media Consumption as a Functional Alternative, in Rosengren", K., Wenner, L. & Palmgreen, P.(eds.), *Media Gratifications Research: Current Perspectives*(Beverly Hills, CA: Sage).

Rosengren, K. E., Wenner, L. A. & Palmgreen., P.(1985)*a Gratifications Research: Current Perspectives*(Beverly Hills, CA: Sage).

Severn, W. J. & Tankard, J. W.(1997), *Communication Theories: Origins, Methods, and Use in the Mass Media*, 4th Edition, White Plains.

Susan, B. N.(1995), *Literacy in the Television Age: The Myth of the TV Effect*(New Jersey: Ablex Publishing Corporation).

(2) 연구논문

Adams, D. A., Nelson, R. P. & Todd, P. A.(1991), "Perceived Usefulness, Ease of Use, and Usage of Information Technology: A Replication", *MIS Quarterly, Vol.*16, No.2.

Agarwal, R. & Prasad, J. "The Role of Innovation Characteristics and Perceived Voluntariness in the Acceptance of Information Technology", *Decision Science*, Vol.28, No.3.

_____ (1991), "The Theory of Planned Behavior", *Organizational Behavior and Human Decision Processes*, Vol.50.

Ajzen, I.(1991), "The Theory of Planned Behavior", *Organizational Behavior and Human Decision Processes*, Vol.50.

Alen, M. R.(1983), "Television Uses and Gratifications: The Interactions of Viewing Patterns and Motivations", *Journal of Broadcasting*, 27.

Allen, J. W.(1998), The Relationship Between MicroComputer Playfulness and End-User Intention to Adopt Information Technology, *Doctoral Dissertation*, University of Georgia State.

Austin, S. B. & Swanson, D. L.(1998), "Disentangling Antecedents of Audience Exposure Levels: Extending Expectancy-Value Analyses of Gratifications Sought from Television

News", *Communication Monographs*, 55.

Bandura, A.(1982), "Self-Efficacy Mechanism in Human Agency", *American Psychologist*, Vol.37, No.2.

Becker, L.(1976), "Two Test of Media Gratifications: Watergate and the 1974 Elections, *Journalism Quarterly*, 53.

Benbasat, L., A. S. Dexter & R. W. Mantha(1980), "Impact of Organizational Maturity on Information System Skill Needs", *MIS Quarterly*, Vol.4, No.1.

Berelson, B.(1959), "The State of Communication Research", *Public Opinion Quarterly*, 23, Spring.

Bhagwat, P. & Satish, K. T.(1994), "Mobile Computing, in proceedings of Networks".

Blumler, J. G.(1979), "The Role of Theory in Uses and Gratifications Studies", *Communication Research*, Vol.6, No.2.

Bock, H. D.(1980), "Gratification Frustration During Newspaper Strike and a TV Blackout", *Journalism Quarterly*, Vol.57.

Chau, P. Y. Tam(197), "Factors Affecting the Adoption of open System: An Exploratory Study", *MIS Quarterly*, Vol.221, No.1.

Chen, Lei-da(2000), Comsumer Acceptance of Virtual Stores: A Theoretical Model and Critical Success Factors for Virtual Stores, *Doctoral Dissertation*, University of Memphis.

Chin J. P., V. A. Diehl & K. L. Norman(1989), "Development of an Instrument Measuring User Satisfaction of the Human-Computer Interface Evaluations", Proceedings of

ACMCHI '88 Conference on Human Factors in Computing Systems.

Chin, W. W. & Todd, P. A.(1995), "On the Use, Usefulness, and Ease of Use of Structural Equation Modeling in MIS Research: A Note of Auction", *MIS Quarterly*, Vol.19, No.2.

Davis, F. D.(1989), "Perceived Usefulness, Perceived Ease of Use, and User Acceptance of Information Technogy", *MIS Quarterly*, Vol.3, No.3.

_____, Bagozzi, R. P. & Warshaw, P. R.(1989), "User Acceptance of Computer Technology: A Comparison of Two Theoretical Models", *Management Science*, Vol.35, No.8.

_____(1986), "A Technology Acceptance Model for Empirically Testing New End-User Information Systeme: Theory and Results", *Doctoral Dissertation*, Sloan School of Management, Massachusetts Institute of Technology.

Dey, A. K.(2001), "Understanding and Using Context", *Personal and Ubiquitous Computing*, Vol.5.

Doll, W. J., Hendrickson, J. A. & Deng, X.(1998), "Using Davis's Perceived Usefulness and Ease-of-use Instruments for Decision Making: A Confirmatory and Multigroup Invariance Analysis", *Decision Science*, Vol.29, No.4, Fall.

Dutton, W. H., Rogers, E. E. & Suk-ho Jun(1988), "Diffusion and Social Impacts of Personal Computers", *Consumer*

*Research, Vol.*14, No.10.

FCC(1999), *Connecting The Globe: A Regulatior's Guide To Building a Global Information Community,* Washington DC.

Fishbein, M. & Ajzen, I(1975), *Belief, Attitude, Intention and Behavior: An Introduction to Theory and Research* (Addison-Wesley, Cambridge, MA).

Galloway, J. J. & Meek, F. L.(1981), "Audience Uses and Gratifications: An Expectancy Model", *Communication Research,* Vol.8, No.4.

Garbarino E. C. & J. A. Edell(1997), "Cognitive Effort, Affect, and Choice", *Journal of Consumer Research,* Vol.24, September.

Gatignon, H. & Robertson, T. S.(1985), "A Propositional Inventory for New Diffusion Research", *Journal of Communication Reseach,* Vol.13, No.2.

Grover, V. & D. Goslar(1993), "The Initiation, Adoption, and Implementation of Telecommunications Technologies in W. S Organizations", *Journal of Management Information System,* Vol.10.

Guthrie, D. A.(1999), "Socialogical Perspective on the Use of Technology: The Adoption of Internet Technology in U. S.", *Socialogical Perspectives,* Vol.42.

Hendrickson, A. P., Massey, P. D. & Cronan, T. P.(1998), "On the Test-Retest Reliability of Perceived Usefulness and Perceived Ease of Use Scales", *MIS Quarterly*, Vol.17, No.2.

Hoffman, D. L., Novak, T. P. & Chatterjee, P.(1997), "Commercials Scenarios for the Web: Opportunities and Challengers", *JCMC*, Vol.1, No.3.

Igbaria, M. N., Zinatelli, N., Cragg, P. & Cavaye, A. L. M.(1997), "Personal Computing Acceptance Factors in Small Firms: A Structural Equation Model", *MIS Quarterly*, Vol.21, No.3.

_____ (1995), Guimaraes, T. & Davis, G. B., "Testing the Determinants of Microcomputer Usage via a Structural Equation Model", *Journal of Management Information Systems*, Vol.11, No.4.

_____, Parasuraman, S. & Baroudi, J. J.(1996), "A Motivational Model of Microcomputer Usage", *Journal of Management Information Systems*, Vol.13, No.1, Summer.

Karahanna E., Straub, D. W. & N. L. Chervany(1999), "Information technology adoption across time: a cross-sectional comparison of pre-adoption and post-adoption beliefs", *MIS Quarterly*, Vol.23, No.2, June.

Katz, E.(1959), "Mass Communication Research and the Study of Popular Culture", *Studies in Public Communication*, 2, Summer.

Kevin, W.(1979), "Digital Tornado: The Internet and Telecommunications Policy", *OPP Working paper*, FCC.

Kim, Injai(1996), "The Effects of Individual, Managerial, Organizational, and Environmental Factors on the Adoption of Object Orientation in U. S. Organizations: An Empirical Test of the Technology Acceptance Model", *Doctoral Dissertation*, University of Nebraska.

Korgaonkar, P. K. & Wolin, L. D.(1990), "A Multivariate Analysis of Web Usag", *Journal of Advertising Research*.

Leuven, J. V.(1981), "Expectancy Theory in Media and Message Selection", *Communication Research*, Vol.8, No.4.

Levy M. R. & Windahl, S.(1984), "Audience Activity and Gratification: A Conceptual Clarification and Exploration", *Communication Research*, Vol.11, No.1.

Lin, C. A.(1988), "Exploring Personal Computer Adoption Dynamics", *Journal of Broadcasting and Electronic Media*.

Lometti, G. E, B. Reeves, & C. R. Bybee(1977), "Investigating the Assumptions of Uses and Gratification Research", *Communication Research*, Vol.4, No.1.

Maigan, I. & Luksa, B. A.(1997), "The Nature and Social Uses of The Internet: A Qualitative Investigation", *Journal of Consumer Affairs*, Vol.31, No.2.

Malhotra, Y., Dennis, F. & Galletta, A.(2000), "What Makes Consumers Buy from Internet", *IEEE Transactions on Systems, Man, and Cybernetics-Part A: Systems and Human*, Vol.30, No.4.

Miller, M. D.(1994), The Extended Technology Acceptance

Model: Theory and Empirical Test, *Doctoral Dissertation*, Auburn University.

Mohamed, K. & Sammi, K. N.(2000), "Adoption of Mobile Commerce: Role of Exposure", to appear in proceedings of the 35th Hawaii International Conference on System Sciences.

Moon, J. W. & Kim, Y. G.(2001), "Extending the TAM for a World Wide Web Context", *Information & Management*, Vol.38.

Moore, G. C. & O. Benbasat(1991), "Development of an Instrument to Measure the Perception of Adopting an Information Technology Innovation", *Information Systems Research*, Vol.3, No.3.

Palmgreen P., J. D. Rayburn II & L. A. Wenner(1981), "Gratification Discriepancies and News Program Choice", *Communication Research*, Vol.8, No.4.

_____, _____ (1982), "Gratification Sought and Media Exposure: An Expectancy Value Model", *Communication Research*, Vol.9, No.4.

_____, _____ (1984), "Merging Uses and Gratifications and Expectancy-Value Theory", *Communication Research*, Vol.11, No.4.

_____, _____ (1979), "Uses and Gratifications and Exposure to Public Television: A Discrepancy Approach", *Communication Research*, Vol.6, No.2.

_____, _____(1981), & L. A. Wenner, "Gratification Discriepancies and News Program Choice", *Communication Research*, 8(4).

_____, _____, & _____(1980), "Relation Between Gratifications Sought and Obtained: A Study of Television News", *Communication Research*, Vol.7, No.4.

Parthasarathy M. & A. Bhattrcherjee(1984), "Understanding Post-Adoption Behavior in the Context of Online Service", *Information Systems Research*, Vol.9, No.4, December.

Rafeali, S.(1996), "The Electronic Bulletin Board: A Computer-Driven Mass Medium", *Computer and the Social Science*.

Riley, M. W. & Riley, J. W.(1951), "A Sociological Approach to Communication Research", *Public Opinion Quarterly*, 15.

Rubin, A. M. & Perse, E. M.(1987), "Audience Activity and Television News Gratifications", *Communication Research*, Vol.14.

Ruth, C. J.(2000), Applying a Modified Technology Acceptance Model to Determine Factors Affecting Behavioral Intentions to Adopt Electronic Shopping on the WWW: A Structural Equation Modeling Approach, *Doctoral Dissertation*, University of Drexel.

Saga, L. R. & Zmud, W.(1994), "The Nature and Determinants of IT Acceptance, Routinization, and Infusion", *IFIP*(A-45).

Segar, A. H. & Grover, V.(1993), "Re-Examining Perceived Ease of Use and Usefulness: A Confirmatory Factor

Analysis", *MIS Quartely*, Vol.17, No.4.

Straub, D. W., Keil, M. & Brenner, W.(1997), "Testing the Technology Acceptance Model Across Cultures: A Three Country Study", *Information and Management*, Vol.33, No.1.

Subramanian, G. H.(1994), "A Replication of Perceived Usefulness and Perceived Ease-of-Use Measurement", *Decision Science*, Vol.25, No.5/6.

Swanson, D. L.(1987), "Gratification Seeking, Media Exposure and Audience Interpretations: Some Directions for Research", *Journal of Broadcasting & Electronic Media*, Vol.31, No.3.

Swanson, D. L.(1978), "The Uses and Misuses of Uses and Gratifications", *Human Communication Research*, Vol.3, No.2.

Taylor, S. & Todd, P.(195), "Understanding Information Technology Usage: A Test of Competing Models", *Information System Research*, Vol.6, No.2.

Venkatesh, A.(2001), "Determinants of Perceived Ease of Use: Integrating Control, Intrinsic Motivation, and Emotion into the Technology Acceptance Model", *Information Systems Research*, Vol.25, No.1.

_____ & Brown, S. A.(2001), "A Longitudinal Investigation of Personal Computers In Homes: Adoption Determinants And Emerging Challengers", *MIS Quarterly*, Vol.25, No.1.

Webster, J., Trevino, L. K. & Ryan, L.(1993), "The

Dimensionality and Correlates of flow in Human-Computer Interactions", *Computer and Human Behavior*, Vol.9.

Wenner, L. A.(1976), "Functional Analysis of TV Viewing for Older Adults", *Journal of Broadcasting*, 20.

Wright, C.(1960), "Functional Analysis and Mass Communication", *Public Opinion Quarterly*, 24.

Xia, W. & King, W. R.(1996), "Interdependency of the Determinants of User Interaction and Usage: An Empirical Test", *Proc of the Seventeenth ICIS.*

(3) 기타 자료

"A Survey of the mobile internet", ≪Economist≫, 2001, October 13th.

"Why mobile is different", ≪Economist≫, 2001. October 13th.

Strategis Group, *3rd Generation Wireless*, 1999, 12.

http://www.strategisgroup.com

Forrester Research,

http://www.forrester.com/Products/StrategicServices

Creativegood, The Wireless Customer Experience, 2000,

http://www.creativegood.com

ARC Group, *Future Mobile Handset*-2002 Edition, 2002. 4;
http://www.arcgroup.com

The StandardKorea, 〈Special Repdrt〉, 21, April,

http://www.standardkorea.co.kr

Strategis Group, Forecast for Mobile Internet Business, 2000, http://www.strategisgroup.com

Durlacher Research Ltd., *Mobile Commerce Report 2000*, http://www.durlacher.com

· 저자 ·

윤승욱
(尹勝郁)

· 약 력 ·

중앙대학교 대학원 신문학과 졸업(석사)
중앙대학교 대학원 신문학과 졸업(박사)
중앙대학교 언론연구소 전임연구원
(주) ENI MediCom 마케팅 이사
한국문화콘텐츠진흥원 프로젝트마스터
University of Hawaii and East-West Center 주최 "Mid-Career
Journalists Workshop" 수료(4회)
호남언론학회 기획이사(현)
우석대학교 신문방송학과 교수(현)

· 주요논저 ·

「모바일인터넷의 수용결정요인에 대한 연구」
「유바쿼터스 사회와 모바일 서비스」
「모바일 마케팅 기법으로의 모바일 광고 특성과 시장 전망」
「모바일인터넷에 대한 이용자의 기대가치 연구」
「광고가 유발한 감정 반응이 소비자 태도에 미치는 영향」
「매체환경 변화에 따른 한국 광고시장 구성변동에 관한 예측」
『사람, 사회 그리고 미디어』(공저)
외 다수

모바일인터넷 이용자 연구

· 초판 인쇄	2006년 11월 20일
· 초판 발행	2006년 11월 20일
· 지 은 이	윤승욱
· 펴 낸 이	채종준
· 펴 낸 곳	한국학술정보(주)
	경기도 파주시 교하읍 문발리 526-2
	파주출판문화정보산업단지
	전화 031) 908-3181(대표) · 팩스 031) 908-3189
	홈페이지 http://www.kstudy.com
	e-mail(출판사업부) publish@kstudy.com
· 등 록	제일산-115호(2000. 6. 19)
· 가 격	15,000원

ISBN 89-534-5942-7 93300 (Paper Book)
     89-534-5943-5 98300 (e-Book)